아킬레우스

제우스

헤파이스토스

포세이돈

데메테르

판

디오니소스

테세우스

시시포스

호메로스

세이레네스

케이론

페가수스

헤라

미노타우로스

이아손

카론

오디세우스

에로스

아테나

페넬로페

크로노스

메티스

아틀라스

오르페우스

헤라클레스

레아

프로메테우스

아마조네스

나르키소스

다이달로스

이카로스

오이디푸스

스핑크스

그리스 신화 백과사전

Cet ouvrage a bénéficié du soutien des Programmes d'aide à la publication de l'Institut français.
이 책은 프랑스문화진흥국의 출판 번역 지원 프로그램의 도움으로 출간되었습니다

50 NUANCES DE GRECS
ENCYCLOPÉDIE DES MYTHES
ET DES MYTHOLOGIES

그리스 신화 백과사전
그리스 신화의 50가지 그림자

충전기 없나?

그린이 쥘   글쓴이 샤를 페팽   옮긴이 조재롱

이숲

CONTENTS

1.
세상의
모든 여성

자,
어디 봅시다.

헤라와 자녀 셋,
헤파이스토스까지 치면
넷을 낳았군요.

마이아와
헤르메스를 낳았고…

디오네와 암피트리테와
아프로디테를 낳았고…

레토와 쌍둥이 아폴론과
아르테미스를 낳았군요.

제우스가 사랑한 여인들

정정정정정정정정정정정정정정정정정정정정정정정정정정정정정정정정정정정정

신들의 왕은 바람둥이다. 절대적인 유혹자 제우스의 정말 강력한 욕망은
신이건 인간이건 여자라면 한계를 둘 줄 모른다. 게다가 여기에는 때로 남
성도 포함된다… 그래도 제우스가 선호한 대상은 헤라나 메티스 같은 여
신보다 순결한 알크메네나 매력적인 레토 같은 인간 여성이었다. 여신이
따분한 존재라는 사실을 생각해보면 쉽게 이해되지 않는가! 언제나 변함
없는 여신들은 놀라움을 느끼게 해주는 법도 없고, 시간이 흐른다고 달라
지지도 않는다. 인간 여성이 더 흥미롭다. 변화무쌍하고, 숭고하게 빛을 발
한 뒤, 꽃처럼 시들어간다. 따라서 절정기 인간 여성을 유혹해야 한다. 바로
이 찰나의 매력 외에는 어떤 것도 뜬구름 잡기 선수 제우스의 마음을 흔들
지 못한다. 과학이 우리를 죽음이라는 운명에서 벗어나게 해줄 때가 온다
면 혹시 모를까, 그 전에 우리는 영속하지 않는 저 덧없음의 아름다움, 그
회한과 향수 앞에서 제우스가 경험한 감동을 잘 이해하지 못할 것이다.
그러나 올림포스 지배자의 사랑을 깔보지는 말자. 이 사랑은 교훈적이고 정치적이며 전략적이었던 것만큼이나 에로틱하다. 제우스가 여인과 잠자리를 할 때마다 그는 여러 덕성을 자기 것으로 만든다. 신들의 왕은 애인들에게서 자신이 갖고 있지 못한 자질들을 발견했다. 테미스에게서는 정의를, 메티스에게서는 신중함과 책략을… 사랑의 밤이 거듭될수록 그의 힘도 그만큼 늘어난다. 사랑의 결실로 태어난 아이들, 그러니까 아폴론, 아프로디테, 아테나, 헤파이스토스 같은 신들은 세계의 균형을 유지하는 데 없어서는 안 될 존재가 될 것이며, 카오스의 힘이 되돌아올 때 우주를 지키는 임무를 수행하는 영웅이 될 것이다. 제우스가 알크메네와 일곱 밤 내내 사랑을 나누었던가? 그녀는 밤새워 인간과 신을 지켜줄 능력자 아들 헤라클레스를 제우스에게 안겨줄 것이다. 제우스는 다나에를 유혹하는 데 성공했던가? 그녀는 시선만으로 사람들을 돌로 만들어버리는 고르곤, 즉 메두사의 손아귀에서 그리스 사람들을 해방할, 더없이 노련한 영웅 페르세우스를 낳을 것이다. 제우스는 또 오케아노스의 딸 에우리노메와 잠자리를 가졌는가? 그녀는 세 여신, 그러니까 매혹의 여신, 아름다움의 여신, 창조의 여신을 제우스에게 안겨줄 것이다. 이 여신들이 없었더라면, 인간은 삶의 어떤 기쁨도 누리지 못했을 것이다. 섹스와 힘은 조화를 이루고, 그 너머에 사랑과 질서가 있다. 그 안에 과도한 낭만주의나 감상적인 애교는 없다! 기독교인들이 말하는 저 사심 없는 사랑도 여기에는 없다! 거짓말하지 말자. 유혹하는 것, 그것은 바로 힘을 갖는 것이다.

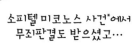
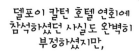
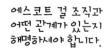

* 2011년 5월 도미니크 스트로스 칸(DSK) 전 국제통화기금(IMF) 총재가 미국 뉴욕 소피텔 호텔 여직원 성폭행 미수 사건에 대한 풍자. 당시 칸 총재는 프랑스 대선 유력 호보여서 이 스캔들은 더 큰 파장을 불러왔다. 특히 여기서 저자는 '판'과 '칸'의 음성적 유사성을 강조하고 있다.

목신(牧神) 판

인간도 짐승도 아닌 판은 신으로 정의된다. 하체는 염소에 상체는 인간이고 손에 사냥 봉이나 플루트를 들고 다니는 이 신은, 보복으로 늘 인간을 위협하는 야생의 자연을 의인화한 인물이다. 웃음과 소란의 신이자 성적 광기의 신인 판은 염소 발굽과 뿔이 달린 상태로 태어나 그 추함에 놀란 어머니에게 버림받는다. '패닉'이라는 단어의 어원이기도 한 이 신은, 억제할 수 없는 충동과 자신의 털북숭이 얼굴을 사냥감 앞에 불쑥 들이대서 혼비백산 겁을 집어먹게 하기를 즐긴다. 이런 패닉은 우리가 섹스를 앞둔 상황에서 느끼는 두려움, 그리고 예의로 포장한 겉모습이 무너져 본심이 드러날까 봐 품게 되는 근심을 말하기도 한다. '판'이라는 신을 길들인다는 것은 자신의 공포를 제어하는 법을 배운다는 것이며, 자신의 야만적인 부분을 억제하기보다 인정하면서 자신과 투쟁해서 승리를 쟁취한다는 것을 의미한다. 게다가 판은 세련됨이나 우아함도 가능한 신, 그래서 성격이 모호한 신이기도 하다. 어여쁜 요정 시링크스가 그에게서 벗어나려고 갈대로 변했을 때, 판은 이 갈대로 플루트를 만들어 거기에 자기 이름을 붙인다. 훌륭한 음악가인 판은 또한 나무들의 벗이면서, 날카로운 눈을 가진 목축의 수호자다. 스토아학파 철학자들은 그를 보편적인 삶과 전체('pan'은 그리스어로 '전부'를 의미한다)의 신으로 여겼다. 디오니소스 역시 이런 사실을 착각하지 않았다. 이 염소 신 앞에서 내빼는 대신, 디오니소스는 자신의 행렬에 합류하라고 그를 초대한다. 어쨌든 디오니소스와 판은 오로지 마시고 춤출 뿐이었다. 이 두 신은 티탄 신족과의 전쟁에서 제우스 옆에서 활약하여, 올림포스 신들의 신전에서 환영받게 될 것이다. 이는 문명이 단순히 질서나 균형 그리고 명확성만을 기반으로 구축되지 않는다는 사실을 알려주는 아름다운 방법이 아닌가. 문명에는 술 취해 춤추는 사람들이나 어둠의 활력, 과잉이라는 해방의 힘도 필요하다.

3.
바위, 바보

시시포스

프로메테우스나 탄탈로스와 마찬가지로 시시포스는 '히브리스(오만)**'에 따른 죄를 지었다는 이유로 벌을 받는다. 그리스의 지혜는 바로 이 과도한 오만을 경계하면서 생겨난다. '너 자신을 알라'고 델포이 신탁은 말한다. 즉, 네가 처한 상황과 너의 한계를 명확히 하고, 너 이상의 존재가 되려 애쓰지 말라는 뜻이다. 영리한 데다가 좋은 집안 출신인 시시포스는 바람의 신 아이올로스의 아들이었다. 시시포스는 누구보다도 자신이 똑똑하다고 믿었다. 그는 심지어 죽음보다도 강하다고 믿었다. 코린토스의 왕이었던 그는 자신의 영광을 기념하는 장대한 기념물들을 건축하라고 지시했다. 지나치게 야심이 컸고 계산에도 밝았던 그는 강의 신 아소포스를 찾아가 제우스가 그의 딸 아이기나를 유괴한 사실을 일러바쳤고, 그 대가로 자기 도시에 영원히 마르지 않는 샘을 만들어달라고 했다. 이 사실을 알게 된 제우스는 그를 벌주려고 타나토스를 보냈지만, 시시포스는 자신의 최신 발명품 수갑 한 쌍으로 이 죽음의 정령을 속여먹었고, 타나토스는 어이없게

도 시시포스의 궁전에 묶인 신세가 됐다. 제우스는 하데스에게 타나토스를 풀어주고 시시포스를 지옥으로 데려오라는 임무를 내린다. 하지만 이번에도 시시포스는 술책을 부린다. 자신의 장례식을 치르지 못하도록 아내를 설득한 다음 ―망자를 기리지 못하게 하는 것보다 더 심각한 신성모독은 없었다― 시시포스는 하데스에게 이런 불경을 바로잡을 수 있게 자신을 이승으로 보내 달라고 간청한다. 그렇게 일단 이승으로 돌아오자 죽은 자들의 왕국으로 돌아가기를 거부한 시시포스는 힘이 아니라 속임수로 신들에게 도전했다. 그에게 내려진 벌은 그가 저지른 잘못만큼이나 무거운 것이었다. 그는 이렇게 산의 정상까지 바위를 밀고 올라가야 했고, 다시 아래로 굴러가는 바위를 속수무책으로 바라봐야 했다. 그리고 아래로 내려가 그 바위를 밀면서 다시 올라가기를 반복해야 했다. 그것도 영원히. 20세기 카뮈는 시시포스를 부조리의 영웅으로 새롭게 창조했다. 심지어 그는 행복한 시시포스를 상상해야 한다면서 그의 행위에서 기쁨을 발견하는 일조차 가능하게 했다. 이는 어쩌면 신화와는 너무나도 동떨어진 이야기일지도 모른다. 시시포스가 형벌로 받은 끝없이 반복되는 시작은 인생의 순환을 빗댄 비유다. 그는 자신이 인정하고 싶지 않았던 것을 영원히 흉내 내야만 했다. 코린토스의 왕이었던 그는 자기가 벌인 대형 공사에서 그까짓 돌 때문에 망가졌던 하찮은 사람들의 손 따위를 진지하게 고민해본 적이 없었다. 그러나 이제 그가 돌을 만져야 할 차례가 왔다. 이 바람 신의 아들은 영원히 돌을 날라야 한다. 이야말로 훌륭한 교훈이며, 이 교훈은 그에게 신들을 머저리로 여기는 법은 가르쳐줄 것이다.

* 히브리스(hybris) : '오만' 혹은 '난폭'을 뜻하는 그리스어. 에너지 혹은 힘이 있는 자가 그것을 남·오용하는 상태를 의미하며, 비극적인 영웅들의 특이한 성격에 내재해 있다.

4.
트로이
신세대

19

아르고 원정대

우리는 자신이 무엇을 열망하는지 진정으로 알고 있을까? 무엇을 추구하는지 언제나 이해하고 있을까? 우리가 추구했던 목표가 단지 구실이었다면? 고작해야 환상이었다면? 이아손과 아르고 원정대의 전설을 읽으며 우리는 그들의 목표나 원하는 대상의 몹시 우스꽝스러운 성질 때문에 첫 대목부터 다소 이상한 느낌이 들기도 한다. 이 원정의 목적은 '황금 양털', 즉 콜키스의 왕 아이에테스가 가진 신성한 양의 털인데, 이 양털은 파르테논 쇼핑몰 주변을 어슬렁거리는 자들이 허세를 부리는 데 사용된다는 점을 제외하면 한 번도 그 쓰임새가 정의된 적이 없다. 이아손의 임무는 황금 양털을 찾아오는 것이다. 성공하면 숙부이자 비열하고 냉혹한 독재자이며 아버지에게서 왕위를 찬탈하여 왕좌에 오른 펠리아스 왕에게서 이올코스의 왕관을 되찾게 될 것이다. 그러나 여행은 위험천만했으며 무시무시한 용이 양털을 지키고 있었다. 따라서 이아손은 평범하지 않은 자들을 모아 팀을 꾸렸다. 이렇게 아르고호에는 헤라클레스와 테세우스, 오르페우스와 아탈란테, 카스토르와 폴리데우케스 등이 승선하게 됐다. 마흔아홉 명으로 이루어진 아르고 원정대원들은 신중하게 선별된 뛰어난 능력의 소유자들이었으며, 하나같이 용맹한 전사들이었다. 이처럼 재능을 갖춘 자들이 한곳에 모인 적은 한 번도 없었다. 그런데 이 모든 수고가 그깟 양털을 얻기 위함이라니! 양털이 정말로 금으로 덮여 있기를 바라는 수밖에 없었다… 시련과 함정으로 가득한 수년간의 기나긴 여행 끝에 드디어 콜키스가 눈앞에 보였다. 양털을 손에 넣기 위해 이아손은 아직도 몇몇 괴물을 더 상대해야 했다. 아이에테스 왕의 딸이자 마법사인 메데이아의 도움으로 이아손은 마침내 무시무시한 괴물들을 물리친다. 이아손을 보자마자 첫눈에 반한 메데이아는 매번 싸움을 승리로 이끌게 해줄 마법 물약을 이아손에게 준다. 임무를 완수한 이아손은 달랑 황금 양털만 가지고 귀국길에 오르지 않았다. 그의 곁에는 사랑 때문에 모든 것을 버린 메데이아가 있었다. 아르고호에 올라타 자신을 뒤쫓아온 아버지가 점점 멀어지는 모습을 지켜보던 마법사 메데이아는 그렇게 마녀가 됐다. 그녀는 이아손 일행을 뒤쫓아와 배에 오른 남동생을 한 치의 망설임도 없이 토막 내서 바다에 던졌다. 아버지가 추적을 포기하게 하려는 끔찍한 계략이었다. 이알코스로 귀환하니, 그사이 이아손의 가족을 무자비하게 살해한 가증스러운 펠리아스가 그를 기다리고 있었고, 그는 이아손과 했던 애초의 약속을 지키지 않는다. 이해할 수 없을 뿐 아니라 너무도 놀라운 반응이지만, 이아손은 이런 부조리에도 황금 양털을 펠리아스에게 건네준다. 어찌 됐든 바로 그것이 위험천만했던 여행의 목적이 아니었던가? 결과적으로 복수는 메데이아의 몫이 됐다. 그녀는 젊음을 주는 기적의 묘약 앨릭스를 갖고 있다면서 늙은 펠리아스 왕의 딸들을 설득했다. 계략에 넘어간 왕의 딸들은 메데이아가 시키는 대로 늙은 아버지를 토막 내서 물이 펄펄 끓는 냄비에 던져버렸다! 이처럼 불의를 바로잡은 인물은 이아손이 아니라 바로 이 마녀였다. 이제 모든 것이 명확해졌다. 이아손이 겪은 천신만고의 여행이 눈앞에 다시 펼쳐

진다. 비로소 우리는 그가 신들에게 조종당했다는 사실을 깨닫게 된다. 비열한 펠리아스는 세상의 질서를 어지럽히는 위협적인 요소였다. 그래서 신들을 그에게 벌을 내리기로 했으며, 그 처단자의 역할을 바로 메데이아에게 맡겼다. 다시 말해 메데이아가 이아손과 사랑에 빠진 것은 우연이 아니었다. 헤라와 제우스의 명령에 따라 에로스는 치명적인 화살 한 대를 그녀에게 쏘았다. 그러니까 이아손이 콜키스로 떠난 것은 누구의 관심도 끌지 못했던 양털 따위를 얻으려고 그랬던 것이 아니라 신들의 숨은 뜻에 따라 메데이아를 찾기 위해서였고, 황금 양털은 신들이 던져놓은 미끼였다. 황금 양털은 원정의 진짜 목적을 감추는 수단이었고, 이아손은 이런 사실을 꿈에도 눈치채지 못했다. 이는 욕망에 대한 완벽한 비유이다. 우리도 이아손처럼 자신이 원하는 것이 무엇인지 알지 못하고, 더구나 왜 원하는지는 더더욱 모른다. 우리를 가지고 노는 주체가 신이 아니라면, 그것은 바로 우리 자신의 무의식이다. 우리 욕망의 대상이 그토록 우리를 매료하는 것도 바로 이 때문이다. 이런 대상은 우리 안에 무언가를 숨기고 있다. 이것을 찾아 나서는 여행은 그래서 더욱 흥미로울 수밖에 없다.

포세이돈

제우스와 하데스의 형제이자 바다와 대양의 신이며 또한 지진의 신이기도 한 포세이돈은 화를 잘 내며 종잡을 수 없는 신이다. 그의 분노가 한번 폭발하면, 그 여파로 바다에는 해일이 일어나고, 도시가 파괴되고, 산이 갈라지고, 강이 사라져버린다. 그의 기질은 단호하다. 그는 평원을 비옥하게 만들 수도 있고, 영웅들을 끝장낼 수도 있다. 트로이 전쟁 막바지에 포세이돈은 삼지창을 들어 바위를 부숴버렸고, 물속으로 떨어지며 바위는 아이아스를 박살 내버렸다. 생명에 활력을 불어넣기도 하고 죽음을 선사하기도 하는 양면성의 신 포세이돈을 로마인들은 '넵투누스'라 불렀다. 그가 일으키는 물결은 쓰나미처럼 밭을 곡식의 물결로 넘치게 만들기도 한다. 물고기 꼬리에 청동 발굽이 달린 말들이 끄는 수레를 타고 그가 바다 저 깊은 곳에 자리 잡은 황금 궁전에서 나올 때면, 바다가 열리며 길을 내주고, 돌고래들이 기뻐하며 뛰어오른다. 포세이돈은 제우스의 경쟁자였다. 그는 아폴론, 헤라와 함께 심지어 제 형에게 대항하는 쿠데타에 가담하여 실패의 쓴맛을 본 적도 있었으며 바람둥이 제우스만큼이나 여자를 좋아했다. 암피트리테와 결혼한 이 '땅을 뒤흔드는 신'은 어여쁜 코로니스를 너무 귀찮게 해서 그녀가 포세이돈의 손아귀에서 달아날 수 있게 아테나가 작은 까마귀로 변신시켜야 할 정도였다. 포세이돈과 수많은 애인과의 사이에서 아이올로스와 천마(天馬) 페가수스, 테세우스 등이 태어났으며 오디세우스의 일행에게 숱하게 피해를 준 키클로페스 폴리페모스 또한 그의 자식 중 하나였다. 티탄 신족과 올림포스 신들과의 전쟁에서 포세이돈의 역할은 결정적이었다. 타르타로스의 육중한 청동 문 뒤에 티탄 신족을 가둔 자도 그였다. 티탄 신족과의 전쟁에서 승리하고 나서 올림포스 신들은 세계를 나눠 가졌다. 하늘은 제우스, 저승은 하데스, 바다는 포세이돈이 관장하게 됐다. 제우스가 풀어준 키클로페스들은 이 전쟁에서 올림포스 신들의 편을 들었다. 제우스는 이들에게서 천둥, 번개, 벼락을 받았고, 하데스는 투명 투구를, 포세이돈은 위풍당당한 삼지창을 받았으며, 이후 이 삼지창은 그의 위용을 자랑하는 상징이 됐다. 여행사 클럽 메드의 창설자들이 한가한 휴가와 열정적인 댄스의 밤, 맘껏 먹고 마시는 뷔페의 상징으로 그의 삼지창을 도용했을 때, 포세이돈은 물론 이를 탐탁히 여기지 않았을 것이다.

* 고대 그리스 화폐 단위로 6오볼로스가 1드라크마였다. 1드라크마는 당시 일일 노동자의 하루치 임금에 해당했다.

카론

아케론강을 건너면 망자들의 영토가 시작된다. 하지만 그 전에 강을 건널 권리를 획득해야 한다. 뱃사공 카론에게 적당한 액수의 오볼루스를 건네며 아첨을 떨어야 하고, 이 늙은 불사자 사공이 소리치며 내리는 명령을 충족할 만큼 노 젓는 수고를 해야 한다. 여기에는 그다지 기독교적이라 할 수 없는 것들이 있다. '마지막에 오는 자들'이 '처음에 오는 자들'은 아닐 것이다. 뱃삯을 낼 수 없는 자들은 강기슭의 저 '노 맨스 랜드'를 떠돌아야 하는 형벌을 받는다. 기독교인이라면 지옥에 가기보다 차라리 이런 운명이 낫다고 생각할 수도 있고, 오히려 부러워해야 할 만한 곳을 버려두고 뭐하러 지옥으로 가느냐고 반문할 수도 있을 것이다. 베르길리우스가 『아이네이스』에서 묘사했듯이 기독교 세계관에 따른 지옥은 하데스의 왕국과는 아무런 상관이 없다. 모든 영혼을 받아들이는 하데스의 왕국에는 '징벌의 들판'이나 타르타로스 같은 공포의 공간이 있지만, 마찬가지로 엘리시온 같은 목가적인 지역도 포함되어 있으며, 이승에서 훌륭한 삶을 영위했던 사람들은 이곳에서 거대한 꽃들 사이를 거닐며 영원한 봄을 만끽할 수 있었다. 여기서 중요한 것은 지옥이 한 군데가 아니라는 점이다. 극단적으로 상반된 이 두 지역 사이에는 수선화가 피어 있는 넓은 평원 아스포델이 있는데, 적막하고 기복이 없고, 선하다고도 악하다고도 할 수 없이 그저 평탄한 삶을 보냈던 자들에게 허락된다. 그러니까 일종의 '무난한 자'를 위한 지옥인 셈이다. 여기서 평범한 자들은 생전에 자신을 빛낼 줄 몰랐다는 이유로, 자기 생전 모습 그대로 영원히 지내야 하는 벌을 받는다. 사실 그리스인들에게 진정한 죽음은 망각이었다. 전투에서 영웅들이 죽음을 겁내지 않았던 이유가 바로 그것이다. 그들은 자신이 후세의 기억에 영원히 남을 수 있다는 사실을 알고 있었고, 잘만 하면 아킬레우스나 아이아스처럼 엘리시온보다 훨씬 더 천국 같고 신과 영웅들이 한자리에 모여 끝없는 향연을 즐기는 지옥의 영역 '행복의 섬'에 들어갈 수 있다는 사실도 알고 있었다. 그러니 비록 기분 나쁘기는 하지만, 이 뱃사공의 힘이 어마어마하다는 사실을 인정하는 수밖에 없었다. 자신의 운명을 알기 위해서라도, 또한 영원한 방황이라는 망자가 처할 수 있는 최악의 상태를 피해 지옥에 들어가기 위해서라도 아케론강을 건너야만 했다. 그리스의 지혜가 보여준 최후의 일관성은 이처럼 죽은 뒤에조차 죽음의 자리를 찾는 데 있었다.

7. 무선 통신

좌회전 하세요.
그래, 알았어!
좌회전 하신 다음 우회전…
근데, 아버지한테 내 얘기 했어?

찌직… 로… 좌회…
앗!
젠장, 신호가 안 잡혀.
여보세요, 아리아드네?
어이!
엿 같네!

테세우스

우리가 테세우스 덕분에 원시 사회에서 벗어나게 됐다는 사실을 이해하려면 아리아드네와 통화하며 미궁에서 자신의 위치를 가늠하는 그의 모습을 지켜보는 수밖에 없다. 테세우스가 겪은 온갖 모험에는 길잡이가 있었는데, 그것은 바로 이성을 바탕으로 한 헬레니즘 문명의 도약이었다. 테세우스를 잉태한 날 밤, 어머니 아이트라는 포세이돈과 잠자리를 나눈 다음 아테네의 왕 아이게우스와도 동침했다. 따라서 테세우스는 신의 아들인 동시에 왕의 아들이었다. 젊은 시절, 자기 몸에 왕가의 피가 흐르고 있다는 사실을 알게 된 테세우스는 걸어서 아테나로 향한다. 여행길에서 그는 수많은 괴물과 도적을 만났는데, 그중에는 여행자들을 집으로 초대해 휴식을 권한 다음, 침대의 길이에 '맞게' 그들의 팔다리를 잘랐던 사악한 프로크루스테스도 있었다. 때로는 무력으로, 때로는 재치로, 매번 싸움에서 승리한 테세우스는 마침내 아테나에 입성한다. 테세우스의 아버지는 신발과 검을 보고 그를 알아본 것은 오래전 아이게우스가 아이트라와 사랑의 밤을 보내고 난 다음 날 아침, 그가 침대 발치에 두고 왔던 물건이었기 때문이다. 미노스가 반인반우 미노타우로스에게 먹이로 바치기 위해 아테나에 매년 일곱 명의 젊은이를 요구한다는 사실을 알게 된 테세우스는 이 괴물을 처치하러 즉시 크레타로 향한다. 그러나 미노스는 자기 딸 아리아드네가 이 매력적인 왕위 계승자 테세우스와 사랑에 빠져 미궁에서 빠져나올 방법을 그에게 알려줬다는 사실을 모른 채 테세우스에게 미궁에 들어갈 기회를 주고 말았다. 실뭉치를 풀어가며 안으로 들어가 미노타우로스를 찾아내 처치한 테세우스는 풀었던 실을 되감으며 미궁에서 무사히 나온다. 영웅 테세우스에게는 이제 자신의 왕국과 아버지 아이게우스 왕에게 돌아갈 일만 남아 있었다. 테세우스는 미노타우로스를 처치하러 크레타로 떠나기 전 아버지에게 임무를 완수하면 돌아오는 배에 흰 돛을 달아 성공을 알리기로 약속했다는 사실을 까맣게 잊어버린 채 검은 돛이 달린 배를 타고 고향으로 향했다. 멀리서 검은 돛을 달고 돌아오는 배를 본 테세우스의 아버지 아이게우스 왕은 낙담하여 절벽 아래 바다로 몸을 던졌고, 이 바다는 그의 이름을 따서 지금도 '에게해'라고 불리고 있다. 테세우스는 돌아오는 배에 승리의 뜻으로 흰 돛을 달겠다는 약속을 잊었듯이 자신을 도왔던 아리아드네도 '잊어버린 채' 크레타섬에 두고 왔다. 건망증도 정도가 있지, 이건 좀 심하지 않나? 우리는 그의 망각을 좀 다른 관점에서 생각할 수도 있을 것이다. 아리아드네 덕분에 임무를 마친 테세우스는 그녀가 더는 필요 없어졌기에 그녀를 버렸다. 아버지가 없어져야 왕의 자리를 차지할 수 있었던 그는 배에 흰 돛이 아니라 검은 돛을 달면 무슨 일이 벌어질지 잘 알고 있었다. 어찌 보면 이 모든 것은 이성의 승리라 할 수 있다. 거추장스러운 '감정'이라는 것 때문에 자신에게 유리하게 행동하는 데 곤란해할 필요는 없었다.

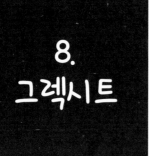

8.
그렉시트

너도 들었지?

풀어달라며 한 시간째 저렇게 울부짖고 있어. 국민투표라도 해달래.

너 설마….

오, 노! 절대 안 되지!

어떤 일이 있어도 자기를 풀어줘선 절대 안 된다고 몇 번이나 당부했잖아.

거기엔 분명히 합당한 이유가 있을 거라고!

* 세이레네스 꼬리에 적힌 글은 왼쪽부터 순서대로 도이치 은행, 스탠더드 앤드 푸어스, 국 제통화기금, 무디스, 유럽중앙은행

오디세우스

오디세우스는 자기 자신을 잘 알고 있었다. 그는 자신이 영역을 확장하려 노력하면서 영혼을 뿌리 깊이 탐구하는 모험가이며 동시에 호기심 덩어리라는 사실을 인식하고 있었다. 치열했던 전쟁이 끝나고 트로이를 떠나 고향 이타카섬으로 돌아오는 길은 길고도 험했다. 그가 들렀던 모든 섬은 발견해야 할 것들로 가득 찬 놀라운 세계였다. 세계는 파이오스섬처럼 호의적인 현자들이 득시글거리는 곳일 수도 있었고, 로토파고스섬처럼 교활한 괴물들이 점령한 곳일 수도 있었다. 어쨌든 그곳에 직접 가서 보지 않고 어떻게 이런 사실을 알 수 있겠는가? 신세계의 매력을 어떻게 거부할 수 있겠는가? 이 세상 모험가들은 모두 오디세우스의 후예지만, 단지 모험가만 그런 것은 아니다. 민족학자들이나 인류학자들, 여행가들도, 이들에게 낯선 곳이 단순한 휴식 장소가 아니라 거부할 수 없는 유혹이라는 점에서 모두 오디세우스의 후예다. 그러나 호기심이 위험을 동반하지 않는 것은 아니다. 예를 들어 외눈박이 거신 키클로페스 폴리페모스의 섬으로 그를 이

끈 것도 바로 이 호기심이며, 결국 그는 이 섬에서 많은 부하를 잃는다. 이 이타카섬의 아들은 그렇게 스스로 자신을 경계하는 법을 배운다. 그는 부하들에게 자신을 돛대에 묶으라고 명령하고, 어떤 이유에서건 절대로 풀어주지 않겠다는 다짐을 받는다. 그는 자신이 노래를 불러 배를 암초로 이끌고 선원들을 죽음에 이르게 하는 세이레네스들의 매력에 저항할 수 없음을 잘 알고 있었다. 자신이 누구인지 잘 아는 자, 그리고 포기할 줄 아는 자가 바로 영웅이다. 곤경에 빠질 때마다 오디세우스는 여러 차례 거절하는 능력을 보여준다. 칼립소가 선사한 영생불사를 거절했던 것처럼 파이오스섬의 왕이 아름다움의 극치에 있었던 자기 딸 나우시카와의 결혼을 제안했을 때도, 그는 거절했다. 매우 강렬한 이런 유혹도 처자가 있는 집으로 돌아가고 싶다는 욕망에서 그를 떼어놓지 못했다. 유혹의 대상이 되지 못하는 자에게는 거절할 것도 있을 수 없다. 그런 자들은 이 세상에서 다른 사람들보다 무엇이든 덜 누릴 수밖에 없다. 결국 호기심으로 추동되는 오디세우스의 지혜는 두 배로 늘어나고, 그는 서서히 매료된다. 다른 세계를 보러 가고, 타자를 발견하고 싶어 하는 호기심이 우선이고 신중함은 그다음인 만큼, 호기심을 의식적으로 경계하지 않으면 순탄하게 가던 길의 방향을 갑자기 틀어버릴 수도 있다는 사실을, 지혜로운 그는 잘 알고 있었다.

* 그리스 토속주
** 다진 양고기나 쇠고기, 가지를 번갈아 얹고 치즈와 소스를 곁들여 구운 발칸 반도 전통 요리

크로노스

자식을 믿지 말라. 그리스 신화에서 가장 자주 반복되는 주제는 바로 이것이다. 앞의 만화에서 어린 제우스가 파란색 침대 시트 위로 뛰어오르는 귀여운 모습을 보면, 자식을 믿지 말라는 경고의 의미가 대체 무엇인지 짐작하기 어렵다. 그러나 훗날 제우스는 10년간의 끔찍한 정복 전쟁 끝에 자기 아버지인 거인족 크로노스를 마침내 거꾸러트릴 것이다. 그는 레아와 크로노스 사이에서 태어난 여섯 번째 자식이었다. 크로노스는 자기가 아버지 우라노스를 죽이고 스스로 왕이 됐듯이 자신도 아들에게 왕위를 빼앗기게 되리라는 대지의 여신 어머니 가이아의 저주가 두려워 자식이 태어나면 곧바로 집어삼켜 버렸다. 그러나 어린 막둥이는 이런 끔찍한 처지를 모면했다. 레아는 시어머니 가이아의 조언에 따라 크레타섬 어느 동굴에 제우스를 숨겼고, 제우스는 거기서 염소 아말테이아의 젖을 먹고 무럭무럭 자랐다. 사실 제우스가 갓 태어났을 때 레아는 이 핏덩이를 집어삼키려던 남편 크로노스에게 아기 대신 돌멩이를 건네주었고, 이를 전혀 눈치채지 못한 크로노스는 그 돌멩이를 꿀떡 삼켰다. 거기에 간계의 여신 메티스는 크로노스에게 구토제를 먹인다는 기발한 생각을 해냈고, 그렇게 해서 식인 거인족 아비는 그동안 삼켰던 자식들을 모두 토해 냈다. 메티스가 없었다면 제우스가 훗날 부인이 될 헤라는 물론이고 하데스와 데메테르, 포세이돈과 헤스티아 같은 형제와 누이를 알게 될 일도 절대 없었을 것이다. 크로노스가 자식들을 온전한 상태로 뱉어낼 수 있었던 것은 씹지 않고 통째로 삼킨 덕분인데, 이 대목은 조금 자세히 들여다볼 필요가 있다. 성서의 요나 이야기에서부터 빨간 모자 동화에 이르기까지 수많은 신화와 전설, 종교 설화에서도 거의 같은 수법을 찾아볼 수 있다. 크로노스는 폭군 남편의 만족할 줄 모르는 정욕에 시달리는 어머니 가이아를 구해내기 위해 아버지 우라노스의 생식기를 잘라버렸고, 크로노스의 강력한 낫질 한 번에 하늘과 땅이 갈라졌으며, 그렇게 거품 섞인 우라노스의 정액에서 아프로디테가 탄생했다. 이때 우라노스는 크로노스를 저주하면서 훗날 그도 자신과 똑같은 운명에 놓이게 되리라고 예언한다. 크로노스 역시 자식에게 배반당하리라는 이 예언만큼 덜 기독교적이고 덜 일신교적인 메시지도 없을 것이다. 자기 아버지 자리를 차지하려고 아버지를 직접 거세하는 예수의 모습을 상상할 수 있겠는가? 그리스 신화에서 아들은 아버지 죽이는 법을 배워야 한다. 하지만 유일신을 섬기는 종교에서 아버지는 항상 고마워하거나 그 위상에 비추어 부끄럽지 않은 자식이 되는 법을 배워야 하는 존재다. 이야기는 여기서 끝나지 않는다. 제우스는 메티스와의 사이에서 태어난 아들이 자신을 왕위에서 끌어내리리라는 예언을 듣는다. 메티스가 자기 아이를 잉태했다는 사실을 알게 된 제우스는 이 자식을 삼켜버리기로 한다. 이렇게 반복되는 광기가 세상에 또 있을까! 신들이 제 자식을 삼켜버리지 않을 때면 일을 더 빠르게 처리하고자 그 아이를 잉태한 어머니를 삼켜버렸다. 왜 이런 일이 반복됐을까? 이는 자식이 세대, 시간, 변화, 그리고 삶 자체를 상징하기 때문이다. 그리고 이 모든 것이 영원의 지배를 위

협하기 때문이다. 아버지는 자식에 의해 대체된다. 이것이 바로 새로움의 힘이 탈취한 권위이며, 쇠락할 차례를 맞이하기 전 성장과 승리를 요구하는 생명의 용솟음이다. 비극적이면서 명쾌한 지혜, 아니 비극적인 것에 대해 명쾌한 그리스 신화 고유의 지혜가 여기에 있다. 일신교가 그것으로부터 우리를 해방하겠다고 나서는 것이 바로 이 비극성이다. 항상 위험에 노출되어 있으며 예측 불가능한 이 삶에 대한 불신은 고대 철학, 특히 플라톤에 이르러 메아리처럼 울려 퍼진다. 플라톤은 영원히 변치 않는 정신의 완벽성과 상대 비교하면서 이런 삶을 끊임없이 깎아내리려 할 것이다. 『향연』의 저자에게 사유는 아무리 세대가 수없이 거듭되더라도 영원히 변치 않은 채 저 하늘에서 빛날 것이다. 그리고 시간이란 다른 무엇이 아니라 바로 '영원성의 움직이는 이미지'일 뿐이다. 마치 플라톤 자신이 두려움에서 벗어나려고 무진장 애를 쓰기라도 한 것처럼 말이다. 마치 플라톤이 신화가 폭로한 진리를 보지 않으려고 하는 것처럼 말이다. 아버지와 마찬가지로 신도 자신이 태어나게 한 생명에 의해 말끔히 사라지고 말 것이다.

回回

10.
자기애

나르키소스

오비디우스에 의하면, 나르키소스는 케피소스강의 신에게 겁탈당한 님페 리리오페의 아들이다. 아기가 탄생하자, 눈먼 예언자 테이레시아스는 나르키소스가 제 모습을 단 한 번도 보지 않는다면 오래 살 수 있다는, 얼핏 이해할 수 없는 예언을 그의 어머니에게 들려주었다. 나르키소스는 우아하고 고상한 청년으로 자랐지만, 모든 일에 무심해 보였다. 소년들은 이 젊은 사냥꾼의 매력에 빠졌고, 소녀들은 그의 미모에 열광했으며, 요정 에코는 그를 열렬히 사랑해서 어디든 따라다니며 그가 하는 말의 마지막 낱말을 마치 후렴처럼 반복했다. 하지만 나르키소스는 마치 이 모든 것이 존재하지 않는 것처럼 행동했다. 분명히 그에게는 타인과의 접촉을 방해하는 무언가가 있었다. 그러던 어느 날, 누군가가 천상의 신들에게 자신이 나르키소스에게 모욕당했다며 처벌을 호소한 사건이 일어났다. 그 청원을 들은 신은 공교롭게도 복수의 여신 네메시스였다. 자신에게 벌이 내린 줄도 모르고 평소처럼 사냥에 열중하던 나르키소스는 갑자기 목이 말라 샘물로 향했다. 그리고 물을 마시려고 고개를 숙였을 때 수면에 비친 자기 모습을 처음 본 순간, 갑자기 목마름도 배고픔도 사라졌고 다른 어떤 욕구도 느껴지지 않았다. 그는 오로지 자신의 완벽한 용모와 비현실적인 은총, 다시 말해 자신의 아름다움에 연신 감탄하면서 수면에 비친 자기 모습에서 도저히 눈을 뗄 수가 없었다. 그는 자신이 그러하다고 믿는 맹목적인 사랑에, 물에 비친 자기 모습에 사로잡힌다. '자기 모습에 취한' 상태의 '나르키소스'와 '마취된' 상태를 뜻하는 '나르코크'는 어원이 같다. 그는 사랑하는 자신을 끌어안고 싶지만, 그럴 수가 없다. 그렇다고 자신의 이미지에서 떨어져 나올 수도 없다. 자신의 이미지가 끊임없이 자신을 유혹하고 포박하여 거기서 벗어나지 못하는 그는 결국 그렇게 죽게 될 것이다. 물가에 붙박여 지내던 그는 결국 자기 이름으로 불리게 될 꽃으로 변하고 만다. 젊고 아름다운 나르키소스는, 우리가 흔히 그렇게 알고 있는 것처럼 자신을 지나치게 사랑해서 죽음을 맞이한 것이 아니라, 죽음에 이를 정도로 자신의 이미지를 지나치게 숭배했다. 이 둘은 같은 것이 아니다. 실제로 문제는 자신에 대한 사랑이 아니라 ―어정쩡하게 자신을 사랑하기보다는 차라리 지나칠 정도로 자신을 사랑하는 편이 더 낫다― 이미지가 행사하는 치명적인 매혹이며, 정확히 말해서 자신의 이미지는 자신이 아니다. 이미지는 자신을 한정하고, 자신을 불모로 만들며, 자신을 고착시킨다. 투사된 자신의 이미지를 향해 고개를 숙이고, 자신의 외모에 현혹된 나르키소스는 실제 자신의 깊이와 풍부함을 비껴간다. 다시 말해 그는 자신을 빗나가고, 또한 다른 사람들을 빗나간다. 진정으로 누군가를 사랑하려면 매혹에서 빠져나와야 한다.

11.
한잔은
괜찮아?

디오니소스

로마 신화에서는 '바쿠스'라고도 부르는 디오니소스를 단순히 '술의 신'이라고만 할 수는 없다. 그는 연극과 축제, 광기와 황홀경, 재생과 변신 등의 신이기도 하다. 디오니소스는 여러 신 중에서 가장 이상한 신이다. 자기집에 머무는 법 없이 떠돌아다니면서 소란을 피우고, 이 도시에서 저 도시로 유랑을 하고, 사방에 쾌락과 공포, 취기와 동요를 흩뿌리는 그를 호색한과 무녀 무리가 따라다닌다. 그러나 어쨌든 그도 제우스의 아들이다. 그것도 심지어 두 번이나 그랬다. 디오니소스는 올림포스의 지배자와 세멜레 사이에서 태어난 자식이자 자기 애인의 진짜 모습을 발견한 세멜레가 번개에 맞아 죽어가며 잉태한 아이였다. 이때 불길에 휩싸인 태아를 구해낸 제우스는 나중에 무사히 태어날 때까지 자기 넓적다리에 넣고 꿰매서 데리고 다녔다. 로마인들은 디오니소스가 '주피터의 넓적다리에서 태어났다'고 말하지만, 사실 그는 두 번 태어난 셈이다. 디오니소스는 따라서 신들의 왕 제우스의 아들인 동시에 타지(他地)의 상징이다. 라이벌의 아이를 없애는 일이라면 무엇이든 할 준비가 되어 있던 헤라의 질투로부터 디오니소스를 보호하려고 제우스는 이 신생아를 헤르메스에게 맡긴다. 헤르메스는 디오니소스를 아테네로부터 멀리 떨어진 니사산(山)으로 데려간다. 디오니소스는 그곳에서 님페들과 늙은 실레노스의 손에서 자라게 된다. 오랜 세월이 지나 디오니소스가 아테네로 돌아왔을 때 그는 온전히 이방인이었다. 그것도 조심성이라고는 찾아볼 수 없는 이방인이었다. 늘 술에 취해 있었고 해괴한 변장을 일삼았으며, 춤을 추고 노래를 불렀던 그는 균형의 도시에서 과잉의 화신이었고 로고스의 사원에서 이성의 결여를 보여주는 표본이었다. 요컨대 디오니소스는 타자였다. 하지만 허약한 문명이 그에게서 오로지 위협만을 보았던 이 타자를, 그리스인들은 받아들였다. 앞의 만화가 풍자하듯이 그리스인들은 그에게 '술집 아트레우스'의 관리만을 맡긴 것은 아니었다. 그들은 디오니소스의 이름으로 연극 경연대회를 개최했고, 그에게 사원을 지어 바쳤다. 그러니까 그리스인들은 그를 신으로 인정했던 것이다. 우리도 그렇게 할 수 있을까? 대답을 의심해볼 만한 다소간의 이유가 있다. 사실 우리는 우리를 닮지 않은 사람들을 위해 제단을 세우는 습관을 어느 정도 상실했다. 국경 너머로 추방하기 전에 이들을 숲속에 가두어두기를 선호한다. 차이를 환영하면 우리 자신이 이방인이 된 듯한 느낌이 드는 것을 견디지 못하는 것이다. 어쩌다가 우리 영역에 들어오는 타자에게 우리는 때로 선택의 여지를 남기기도 한다. 우리처럼 되거나… 아니면 떠나라고 한다. 기업에서 그토록 중시하는 프로세스의 승리는 자기네 규범을 전적으로 존중하거나 아니면 떠나라는 메시지 이외에 다른 것을 말하지 않는다. 유럽 전역, 심지어 서구 사회 전반에서 대도시 외곽은 서로 거의 비슷하다. 거기서 사람들은 똑같은 고속도로 나들목을 지나고 똑같은 광고판을 보고, 층층이 쌓인 똑같은 침대를 사고, 똑같은 햄버거를 먹는다. 기독교의 잘못일까? 우리가 평등하다고, 차이는 중요하지 않다고, 우리는 자주 반복해오지 않았던가? 어쨌든 같은 무리의 핵심으

로 들어온 이방인을 상상하기는 쉬운 일이 아니다. 다음과 같은 몇 가지 조건에 극단적으로 명확한 태도를 보이지 않는 한 우리 안에서 디오니소스가 자기 자리를 찾을 가능성은 희박하다. 가령, 누군가의 자유가 시작되는 시간에 다른 누군가의 자유는 멈춰야 하기에 노래하고 춤추는 행위를 21시 59분에 멈출 것. 휴대전화 앱으로 점검하면서 적어도 하루에 만 보를 걸을 것. 행동요법 의사의 치료를 받아 안정된 심리 상태를 계속 유지할 수 있게 단련할 것. 간단한 방법으로 자신의 정체성을 정의하고 이를 열정적으로 유지하려고 노력할 것. 괴팍한 노인들이나 뻔뻔한 젊은이들을 더는 자주 만나지 말 것. 3주 이내에 담배를 끊을 것, 그리고 지금부터 당장 포장이 통일된 담배**만을 이용할 것. 간단히 말해 포도주에 물을 타서 마실 것.

---

* '디오니소스'는 '두 번'(dio) '태어난 자'(nysos) 혹은 '니사의 신'을 뜻한다.
** 2016년 5월부터 프랑스는 작은 글씨 상표 외에 포장으로 브랜드를 구별할 수 없게 하고 보건 관련 메시지와 함께 경고 사진을 넣은 담배를 시판하는 정책을 실행에 옮겼다.

12.
화끈한
여자들

* FEMEN: 2008년 우크라이나에서 탄생한 페미니스트 그룹. 상의 탈의 기습 시위로 유명하다. 우크라이나 여성들이 신데렐라를 꿈꾸며 고국을 떠났다가 사기꾼에게 속아 성매매의 함정에 빠져든 현실에 분노하여 탄생했다. 현재 우크라이나, 프랑스, 독일, 브라질, 이집트에 지부를 두고 행동 반경을 넓히고 있다.

아마조네스

이 여인들은 먼바다를 건너와 육지로 올라온 영웅을 보고 첫눈에 반하는 짓 따위는 하지 않는다. 이 여인들은 뜨개질이나 하면서 왕자님이 돌아오시기를 마냥 기다리지도 않는다. 이 여인들은 그런 타입이 아니다. 아마조네스는 활을 더 잘 쏠 수 있게 하려고, 구리 활로 무장한 채 말에 올라타 더잘 싸울 수 있게 하려고 한쪽 가슴을 잘라냈고, 환상적인 몸매를 철갑과 동물 가죽으로 감쌌다. 이 여인들은 남자들을 만나면 그중 가장 아름다운 수컷을 골라 성 노리개나 종족 보존의 도구로 사용했고 나머지는 모두 죽여버렸다. 자유롭고 야만적인 이 여인들은 늘 남자들에게 공포를 심어주는 강력하고도 아름다운 여성을 상징한다. 그럴 만한 이유가 있다. 이 여인들이 사내아이를 낳으면, 온순한 노예나 미래의 종족 보존용 도구로 만들기위해 눈을 도려낸다. 이런 행위는 여왕 안티아네이라가 옹호하고 나선 '불구자가 최고의 애인'이라는 매우 특별한 생각에 뿌리를 두고 있다. 전쟁의신 아레스와 님페 하르모니아에게서 태어난 이 여인들은 흑해와 카스피해

북부에 살았던 유랑 전사들 부족과 흡사하다. 어쨌든 '페멘'의 다소 모호한 선조 격인 이 강성 페미니스트들은 영웅들의 칼 아래 자주 죽음을 맞이한다. 아, 이 영웅들의 순서를 좀 살필 필요가 있겠다. 그러니까 헤라클레스는 히폴리테가 차고 있던 허리띠를 얻는 동시에 그녀의 목숨도 함께 빼앗게 될 것이고, 아킬레스는 아름다운 펜테실레이아를 살해할 것이며, 테세우스는 아테네 항구까지 쳐들어온 아마조네스들을 물리칠 것이다. 하지만 이 영웅들의 승리는 뭔가 분명치 않다. 자기 힘을 확신하고 있었던 이 남자들은 여성의 힘이 발산하는 매력에도 끌렸던 듯하다. 아킬레스는 펜테실레이아의 숨통을 끊으려 할 때, 죽어가는 그녀의 눈길을 보고 사랑에 빠진다. 테세우스는 '안티오페'라는 아마조네스와 결혼하여 아들을 낳는다. 약한 남성은 강한 여성을 두려워한다. 강한 남성도 강한 여성을 두려워한다. 하지만 강한 남성은 존중, 흥분, 간혹 사랑 앞에서 이 두려움을 지워버린다. 그렇게 서로 동등해지는 것이다.

**13.
분노와
복수**

그래도 난 헤라를 조금은
이해할 수 있을 것 같아.

그동안 제우스가 바람 피
그 많은 여자를 생각해!

그리스 라틴 신화를 통틀어
최강 바람둥이의 아내잖아!

하지만 라이벌들을
철저하게 응징했지!

맞아... 헤라한테는 분명
질투 조절 장애가 있어

* 2014년 9월 발레리 트리에바일레가 출간한 자서전 제목으로 당시 프랑스 대통령 프랑수
아 올랑드와의 연애 관계를 밝혀 논란이 됐다. 이 책은 60만 부 넘게 팔렸으며 12개국 언어
로 번역됐다.

헤라

헤라는 그렇게 질투하지 않을 수도 있었다. 헤라는 올림포스의 모든 여신 중에서 유일하게 결혼해서 남편이 있었으며, 게다가 그 남편은 보통 신이 아니었다! 제우스와의 첫날밤은 300년을 지속할 참이었다. 올림포스의 주인이 결혼한 뒤에도 애인들과 밀회를 계속했던 것과는 전혀 상관없었다… 하지만 질투에는 이성적으로 이해할 수 없는 고유한 이유가 있다. 이 결혼과 풍요의 여신은 제우스가 정복한 여성들을 죽이면서, 제우스가 여인들을 유혹하며 누렸던 쾌락 못지않게 강렬한 쾌락을 느꼈던 듯하다. 게다가 그녀의 상상력은 빈약하지 않았다. 세멜레에게 복수하기 위해 그녀는 유모로 변장하고, 제우스에게 진짜 얼굴을 보여달라고 조르도록 세멜레를 설득하는 데 성공했고, 결국 세멜레는 죽음을 맞이하게 된다. 또한 헤라는 아름다운 칼리스토를 벌주려고 그녀를 곰으로 둔갑시키고, 아르테미스가 활로 쏘아 죽이게 한다. 라이벌들을 죽이기까지는 하지 않더라도 최소한 미쳐버리게 하거나 그들의 자식을 물고 늘어지곤 한다. 그렇게 헤라클레스는 헤라가 불어넣은 유혈의 광기에 사로잡혀 아내와 자식을 죽이고 만다. '흰 팔의 여신'이라고 불렸던 헤라는 자비가 무엇인지 몰랐다. 그녀는 질투심에 불타올랐고 이를 해소하기 위해 못 할 짓이 없었다. 헤시오도스나 호메로스의 이야기에서 신들은 엄청나게 질투한다. 아프로디테 여신이 매혹적인 프시케를 질투했던 것처럼, 간혹 이들은 인간조차도 질투한다. 질투는 좋은 것도 나쁜 것도 아니다. 그저 생기는 것이며, 그게 전부다. 질투는 어쩌면 사랑의 자연스러운 성향 자체일 수도 있다. 그렇다면 질투를 부끄러워하거나 억압하기보다는 있는 그대로 받아들여야 하는 건 아닐까? 성경에서 탕아의 우화는 아버지의 집으로 돌아오는 아들의 이야기를 들려준다. 그는 온갖 쾌락에 탐닉해서 기력도 소진되고, 가족의 재산에서 자기 몫을 죄다 써버린 수치스러운 부랑자가 되어버렸다. 아들을 다시 볼 수 없으리라 믿었던 아버지는 돌아온 아들을 마치 구세주라도 되는 듯이 극진히 환대한다. 하지만 형은 동생에게 받았던 충격과 상처를 그대로 드러낸다. 아버지 곁에 남았던 형은 아버지를 도와 힘들게 노동했고, 가족의 재산을 조금도 낭비하지 않고 잘 지켰다. 그런데도 형은 아버지가 동생에게 베풀었던 것과 같은 환대를 받아본 적이 없었다. 이런 처사가 너무도 부당하다는 생각이 들자 형은 숨이 막혔다. 아버지는 큰아들의 억울한 심정을 헤아렸으나 사태를 그대로 받아들이라고 말한다. 게다가 큰아들에게 동생의 귀향을 축하하는 자리에 참석하라고 말한다. 이 일화는 그다지 그리스적이지 않지만, 용서에 관한 우화이자 질투에 관한 우화이기도 하다. 그러니까 아버지가 아들에게 주는 메시지는 '함께해야 한다'는 것이다. 바로 이것이 헤라의 거듭되는 복수에 숨어 있는 진정한 의미였을까? 신들은 헛되이 불멸의 존재가 되려 하고, 질투는 영원하다.

* 본래 모습이 번개와 벼락인 제우스를 인간인 세멜레가 보면 벼락을 맞아 죽으리라는 것을 알면서도 제우스는 소원을 들어주겠다고 맹세했기에 어쩔 수 없이 자기 모습을 보여줬다.

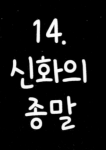

14.
신화의
종말

유로존 위기도
있고,

그리스에 대한 IMF의
보복성 정책도 있고,

알바니아 노동자들이
노동시장에 강력한 라이벌로
등장한 상황도 있어서...

보잘것 없는 비정규직 자리도
찾아드리기가 정말로
쉽지 않아요.

헤라클레스 씨,
이런 말씀 드리면
몹시 실망하시겠지만,

헤라클레스

아크로폴리스 직업소개소의 담당 공무원은 조금 더 성의를 보일 수도 있었을 것이다. 헤라클레스의 노동은 그에게 집세를 낼 수 있게 해주었을 뿐 아니라 우주를 카오스의 힘으로부터 지킬 수 있게 해주었다. 헤라클레스는 다른 영웅들과 사뭇 다르다. 제우스의 아들인 그는 인간들에게 자신이 지상에서 신들의 왕을 대신한다는 사실을 분명히 보여준다. 제우스가 티탄들을 물리쳤는지는 몰라도 네메아의 사자, 레르네의 히드라, 프로메테우스의 간을 쪼아 먹을 독수리 등 세상에 괴물들은 여전히 살아남아 그 어두운 힘이 다시 출현하리라는 것을 예고한다. 헤라클레스의 열두 가지 과업은 이렇게 해서 대부분 이 괴물들과 치르는 싸움이 된다. 괴물들을 물리치면서 헤라클레스는 제 아버지의 업적을 이어간다. 그의 영웅적 행위는 무질서에 대한 질서의 승리가 항상 일시적이라는 사실을 우리에게 상기시킨다. 그러나 헤라클레스는 자신이 헤라에게, 다시 말해 헤라의 증오에 진 빚이 무엇인지 잘 알지 못했다. 가정의 여신 헤라가 그를 죽이려고 가장 잔혹한 계책들을 구상해낸 것은 그가 제우스와 알크메네 사이에서 태어난 혼외 자식이었기 때문이다. 헤라클레스가 겨우 생후 8개월 됐을 때, 그의 요람에 두 마리 독사를 풀어 놓은 장본인도 바로 그녀였다. 이때 갓난아기 헤라클레스는 그 작은 손으로 독사들을 목 졸라 죽이면서 자신의 범상치 않은 능력을 확실히 보여줬다. 그리고 세월이 흐른 뒤에 헤라클레스가 자기 자식들을 죽이도록 광기를 불어넣었던 장본인도 바로 그녀였다. 열두 가지 과업 역시 그녀에게서 나왔고, 이를 통해 헤라클레스는 자신의 잘못에 대해 속죄하고 자신을 정화하게 된다. 그렇지만 헤라가 헤라클레스를 깎아내리거나 그를 파멸시키려고 구상했던 모든 음모는 오히려 헤라클레스에게 스스로 힘을 확신하게 하고 그 힘을 키워나갈 계기이자 자신의 가치를 드높일 기회가 됐다. 시험과 전투로 점철된 그의 삶은 십자가를 지고 걸어간 길과도 같으며 그에게 불멸을 선사하게 될 것이다. 그는 신 가운데서도 으뜸 신이 될 것이다. 헤라클레스라는 이름이 '헤라의 은총'을 의미한다는 사실도 명확하게 드러날 것이다. 결국, 헤라가 없었다면, 그러니까 그녀가 그에게 부과했던 그 모든 시련이 없었다면 헤라클레스는 절대 그 자신이 될 수 없었을 것이다. 잔혹하면서도 흐뭇하고, 또한 난감하기도 한 이런 진실은 못된 부모에게 시달리는 자식들, 상사들에게 괴롭힘을 당하는 샐러리맨들, 다른 사람들의 해코지에 상처 입은 자들을 안심시킨다. 우리의 불행을 바라는 자들이 때로는 우리에게 좋은 일을 하기도 한다는 사실을 알려주기 때문이다.

* 그리스 출신 유명 연예인 니코스 알리아가스(Nikos Aliagas, 1969-)에 대한 풍자. 프랑스의 리얼리티 프로그램 「스타 아카데미(Star Academy)」의 진행자로 명성을 얻었다.

알리아가스라면 그리스 사람?

응 그럴 거야, 켈트 사회자를 섭외할 순 없었겠지. 빠. 쓰. 쓰.

"자, 두 번째 참가자, 옛 명곡을 들고나온 프로메테우스입니다…."

불꽃을 태~ 우~리~라…

불꽃을 태~ 우~리~라…

"다음 참가자, 브뤼셀에서 온 젊은 유망주, 오이디푸스입니다…."

아빠 어디에 있나요,

아빠는 어디에?

어디에?

아빠는 어디에?

"자, 이제, 음, 율리스 맞나요... 그렇군요...
율리스에서 온 오디세우스의 차례입니다..."

알레~에~엑
앙드리 항구
세이레네스 들

"이번에는 고향에서 사랑을 듬뿍 받고 있는 맹인 음유시인,
아마두와 호메로스를 소개합니다..."

미코노스에서
보낸 일요일은
결혼식이
날이라

심사위원 오르페우스는
참가자 쪽으로 한 번도
의자를 돌리지 않잖아.
대체 이유가 뭐야?

젊은 여인들과
외눈박이 거인들이…

만나고
있다네…

켄타우로스들과 아트레우스들도…

만나고 있다네…

아, 그거…

에우리디케가 노래했을 때
의자를 돌린 게 마지막이
돼버렸지. 왜냐면 그녀는
영원히 지옥으로
사라졌으니까.

아, 그래서
저렇게…

오르페우스

오르페우스의 목소리는 예술 작품을 빚어내는 세계의 호흡 자체이다. 그가 노래하고 곡을 연주할 때, 강물은 그의 목소리를 따라가려 물길을 벗어나고, 거대한 떡갈나무도, 야생 동물들도 갑작스레 마술에 걸려 춤을 추기 시작한다. 저녁이 오면 올림포스의 신들조차도 우주에 단 한 번도 울려 퍼진 적이 없었던 가장 아름다운 음악을 들으러 모인다고, 사람들은 이야기한다. 오르페우스가 마치 신처럼 노래했다고 해도, 그가 오르페우스교라는 종교의 기원이 됐다고 해도, 그는 신이 아니었다. 트라케의 왕과 뮤즈 칼리오페의 아들인 그는 아홉 뮤즈의 후원을 받아 시와 음악을 배운다. 어린아이였던 오르페우스에게 뮤즈들은 비밀을 알려주는데, 그것은 바로 '노래하려면 먼저 듣는 법을 알아야 한다'는 것이었다. 다시 말해 나뭇잎에서 바람의 숨결과 삶의 원초적인 멜로디를 들을 줄 알아야 하고, 사교적 언어라든지 쓸데없는 수다에는 귀머거리가 될 줄 알아야 한다는 것이었다. 말이 지나치게 많은 의미를 담고 있을 때, 그리고 지나치게 따지려 들

때 울림을 잃어버리고 더는 노래할 수도 없다. 아마도 이런 이유에서 오르페우스는 TV 오디션의 심사위원이 됐어도 참가자를 향해 의자를 돌리지 않았을 것이다. 마이크에 대고 서툰 메시지를 고함치듯 노래하는 참가자들을 그가 어떻게 견딜 수 있었겠는가? 오르페우스는 신비주의자였다. 그는 언어가 침묵할 때 음악이 드높아진다는 사실을 잘 알고 있었다. 그는 음악은 다른 무엇이 아니라 신비를 들려줘야 한다는 사실도 잘 알고 있었던 것이다. 우리는 그가 왜 음악을 철학보다 더 높은 곳에 두었던 니체에게 영감을 주었는지 깨닫게 된다. 하지만 오르페우스는 이런 수준에 도달할 때까지 상당히 많은 시간을 보내야 했다. 아폴론의 평온과 디오니소스의 광기가 마침내 하나로 합쳐진 전무후무한 노래를 찾아내기까지 그는 실패를 맛보았고, 엉뚱한 곡조를 만들기도 하면서 기나긴 입문의 시간을 보내야 했다. 신화에 등장하는 다른 수많은 영웅과 마찬가지로 오르페우스에게도 잠재된 재능이 있었고, 그는 이 재능을 훗날 발휘하게 된다. 자기 재능을 능란하게 다룰 수 있게 될 때까지는 시간이 필요한 법이다. 우리는 이 가장 중요한 지혜를 너무 자주 잊어버리는 경향이 있다. 신화에 나오는 모든 이야기는 예외 없이 다음과 같은 사실을 들려준다. 즉 혼돈에서 우주의 질서로 향하는 과정이 하루아침에 이루어지지 않았다는 사실 말이다. 헤르메스가 고안한 칠현금을 아폴론에게 하사받은 젊은 오르페우스는 자신에게 모든 것을 가르쳐준 뮤즈들에게 감사의 표시로 이 칠현금에 두 줄을 추가한다. 모험가이면서 음악가인 오르페우스는 황금 양털을 찾아 나선 여정에서 이아손과 아르고 원정대를 위해 자기 재능을 사용했다. 그는 움직이는 거대한 바위들을 노래를 불러 멈추게 해서 배가 부서지지 않도록 했고, 황금 양털을 지키던 뱀을 유혹하기도 했다. 세이레네스들의 음험한 노래가 울려 퍼지면서 아르고 원정대가 유혹에 빠질 위험에 처하자, 오르페우스는 이 노래에 대항해 자기 노래를 불렀다. 그 결과, 세이레네스들은 질투와 원한을 품은 채 죽어간다. 어떤 이들은 세이레네스들이 자살했다고 말하기도 한다. 하지만 음악이 만사는 아닐 것이다. 여행에서 돌아온 오르페우스는 경이로운 님페의 특징을 두루 갖춘 에우리디케를 만나 사랑에 빠진다. 오르페우스는 에우리디케와 결혼한다. 그러나 그녀는 뱀에게 물려 죽어버린다. 절망에 빠져, 그녀를 되찾을 수만 있다면 무엇이든 할 준비가 되어 있던 오르페우스는 하데스의 왕국으로 들어가는 불가능한 여행을 계획한다. 음악은 풍습을 순화할 뿐 아니라 지옥 문지기들의 마음조차도 누그러뜨린다. 뱃사공 카론과 지옥의 개 케르베로스는 오르페우스의 음악에 매료되어 어둠의 세계로 통하는 문을 열어준다. 심지어 평소에는 냉담한 하데스와 그의 부인 페르세포네조차도 그의 음악에 매혹된다. 그들은 오르페우스에게 불가능한 일을 허락했다. 즉 저승에 있는 사랑하는 사람을 이승으로 데려올 권리, 죽음을 극복할 가능성을 그에게 주었다. 하지만 여기에는 조건이 있었다. 자기를 뒤따르는 에우리디케를 데리고 지옥의 기나긴 어둠의 길을 지나 빛으로 환한 지상에 이를 때까지 오르페우스가 자기 아내를 절대 뒤돌아봐서는 안 된다는 것이었다. 그는 이 조건을 지키면서 에우리디케에게 리라를 연주해주며 어둠 속을 나아갔고, 그녀는 사랑하는 사람의 발길을 따라 앞으로 나아갔다. 목적지에 다다랐을 무렵, 길 저 끝에서 빛이 작은 점처럼 보이기 시작했다. 그 순간 오르페우스는 뒤를 돌아보았고, 허망하게도 에우리디케는 영원히 사라져버렸다… 오르페우스의 이런 행동은 무엇을 의미하는 걸까? 금지된 것이 발산하는 매혹이 너무도 강렬해서 거부할 수 없이 끝내 파탄을 맞게 된다는 것인가? 불가능한 일을 실현한 순간, 아무것도 아닌 몸짓 하나로 모든 것을 망쳐버릴 수도 있다는 것인가? 그토록 절실하게 원했던 행복을 드디어 누릴 수 있게 된 순간에 스스로 그것을 버릴 수도 있다는 것인가? 아니면, 죽음은 가장 강력하고 돌이킬 수 없는 것이어서 우리는 반드시 사는 법을 배워야 하며, 가장 위대한 음악조차도 죽음 앞에서는 완벽하게 무력하다는 것인가?

16.
사업과
사랑

페넬로페

페넬로페는 자신을 가꾸기에 여념이 없다. 외모를 관리하고 몸매를 유지하는 데 얼마나 큰 노력과 강한 의지가 필요한지 그녀는 잘 알고 있다. 중요한 행사가 있는 날 아침, 미용실에 들러 자신감을 한껏 채우고 나온 경험은 누구에게나 한 번쯤 있을 것이다. 요가와 필라테스 수업, 탈모 방지 레이저 시술, 최상급 피부관리 화장품 선택도 마찬가지이다. 그녀가 정절을 지키며 남편 오디세우스의 귀환을 기다린 지도 어언 이십 년이 되어간다. 게다가 그녀는 지혜와 책략에 능한 모습을 보여 자기가 사랑하는 사람과 닮았음을 증명하기도 했다. 실제로 그녀는 뜨개질을 마치는 날 여러 구혼자 가운데 한 사람을 선택하겠다고 공언했지만, 밤이 되면 낮에 뜬 것을 도로 풀어버렸다. 게다가 시간의 시련을 견뎌내는 이런 충실함은 조금도 '그리스적'이지 않다. 신화에서는 오히려 간통이나 배신, 길들일 수 없는 성적 충동에 따른 애정 행각 같은 것들이 더 익숙한 단골 소재이다. 오디세우스와 페넬로페의 사랑은 다른 질서를 따르는 것으로 보인다. 조금 더 정신적

인 질서 말이다. 페넬로페는 그 긴 세월을 어떻게 오디세우스만을 기다리며 살아갈 수 있었을까? 오디세우스는 칼립소처럼 아름다운 님페들이나 마녀 키르케의 매력을 어떻게 포기할 수 있었을까? 물론 그도 유혹에 넘어간 적이 있었다. 하지만 그는 중심을 잃지 않았고, 아내에게로 향하는 여정에 다시 올랐다. 마침내 그는 거지로 변장하고 이타카로 돌아온다. 페넬로페는 변장한 그를 알아보았고, 사랑이 시간보다 훨씬 강하다는 사실을 확인한다. 마치 그들 자신을 능가하는 어떤 신비한 힘으로 서로 연결되어 있었던 것처럼 말이다. 기억과 의지가 현재의 유혹보다 훨씬 더 강했을 것이다. 비극적인 요소가 전혀 없다시피 한 이 기이한 사유는 이후 수천 년 동안, 수많은 위기의 커플에게 희망을 줄 참이었다. 결혼 서약을 충실하게 따르게 해주는 사랑의 비밀은 의지의 힘이었다. 오디세우스와 페넬로페의 사랑에서 우리는 실로 놀라운 사실을 깨닫는다. 예수 그리스도가 탄생하기 800년 전에 벌써 기독교 신자 부부의 사랑을 예고하고 있는 것은 아닌가. 이 정도면 티베트 요가 수업을 들을 만하지 않은가!

17.
에로스는
오늘도

사람들이 만남 사이트에서 서로 눈팅하고 썸 타게 되고…

섹파 위치 추적 앱을 스마트폰에 깔게 되면서…

에로스는 백수가 됐지.

그래, 조금 힘들 거야.

그래도…

새 직업을 잘 찾아서 재기에 성공한 것 같아.

81

에로스

에로스는 진짜로 잘 '재기'했을까? 원래 헤시오도스의 『신통기』에서 에로스는 다른 모든 신성의 조상쯤 되는 세 원시 신성 중 하나였으며, 세계와 신들의 존재가 태어나게 하는 사랑의 원초적인 힘이었다. 그는 결국 한 쌍의 연인을 탄생시키려고 화살을 날리는, 날개가 달리고 볼이 통통한 어린 남자아이 모습을 하게 될 것이다. 이것이 신분 상승인지는 확실하지 않다… 태초에는 카오스, 끝이 없는 거대한 공백이 있었다. 그러자 어머니처럼 굳건한 대지, 가이아가 나타났고 세상에는 다른 모든 것이 태어나게 됐다. 가이아의 탄생은 『신통기』의 가장 중요한 미스터리 중 하나다. 가이아는 어떻게 무(無)에서 갑자기 생겨날 수 있었을까? 만일 이것이 에로스의 작품이었다면? 한 가지는 확실하다. 가이아가 홀로 하늘과 바다, 그러니까 우라노스와 폰토스를 낳을 수 있게 해준 주체가 바로 에로스라는 것이다. '원시 에로스'는 아직 하나의 인격은 아니었다. 그것은 비인격적인 힘이며 모든 생식 능력의 최초 원인이다. 우라노스가 아들 크로노스에 의해 거세

될 때, 에로스는 자신의 원초적 능력을 상실하면서 '유성(有性)의 에로스'가 됐다. 프랑스의 걸출한 역사학자 장 피에르 베르낭은 '유성의 에로스'와 '원시의 에로스'를 구분하자고 주장한다. 에로스가 그녀의 무장한 팔이 될 사랑의 여신 아프로디테처럼 에로스도 역시 바다에 떨어져 거품과 섞인 우라노스의 절단된 성기에서 탄생한다. 그에게도 역시 창조자의 임무가 있지만, 그의 창조 야망은 별로 강렬하지 않다. 자기 활로 무장하고, 로마인들이 '큐피드'라 부르는 존재가 되며, 이후 프랑스의 국민 가수 조르주 브라상스의 노래와 고전 회화에서 짓궂은 인물로 등장하는 그는 욕망과 사랑 이야기를 탄생하게 할 책임을 짊어진다. 그러나 '원시의 에로스'와 '유성(有性)의 에로스'는 서로 약간 닮은 면이 있는 것도 사실이다. '원시의 에로스'는 가이아와 우라노스, 폰토스가 밤에서 빠져나올 수 있게 해주면서 그들이 빛이 있는 곳에 도달할 힘이 되어준다. 육체를 욕망에 사로잡히게 하는 화살을 날리는 '유성의 에로스'는 새로운 모습으로 이 욕망하는 육체를 드러낸다. 이처럼 욕망의 대상이 된다는 것은 항상 빛 속으로 들어간다는 의미이다.

* 기원전 8세기 무렵 헤시오도스가 천지창조에서부터 시작해서 신들의 탄생, 그들의 계보 그리고 인간의 탄생에 이르는 과정을 계통적으로 서술한 작품. 300명이 넘는 신의 복잡한 관계를 간결하게 표현하고, 신화와 전설을 하나의 세계관, 우주관에 따라 체계를 세웠다.

18.
독점과
공유

제우스는 유럽 에너지 시장 자유화가
몹시   언짢은가 봐.

제우스의 힘

액세서리들이 왕이다. 군주나 국가의 역사에서도 그렇지만, 유행의 역사에서도 마찬가지다. 실질적인 힘은 군주나 국가의 상징 권력을 자원으로 이용한다. 흔한 일이지만 누군가를 복종하게 하는 데에는 실질적인 힘을 쓸 필요조차 없다. 단순히 권력의 상징을 보여주는 것만으로도 충분하다. 어찌 보면 이런 현상은 인간이 '상징적인 동물'이라는 사실의 방증이다. 어떤 힘이 인간에게 영향을 끼치는 것은 인간이 그 힘에 환상을 품고, 그 힘을 상상하며, 그 힘을 마음속으로 떠올리기 때문이다… 결과적으로 인간은 이런 투영 전반을 통해 상당 부분 권력의 기원이 되고, 이 권력은 다시 인간에게 위력을 행사한다. 그러나 그렇게 하려면, 이 환상과 상상 무더기를 담을 상징이 필요하다. 바로 여기서 제우스의 혼란이 발생한다. 제우스를 상징하는 주요 요소가 누구에게나 공통적인 것이 된다면, 제우스의 절대적인 힘에서 무엇이 남겠는가? 힘의 논리를 잘 파악하고 있었던 제우스는 역설적으로 자신의 힘을 성공적으로 유지하려면 간혹가다 힘을 분배

해야 한다는 사실을 잘 알고 있었다. 제우스는 아버지 크로노스와 할아버지 우라노스가 걸었던 운명의 길을, 자신만은 걷지 않을 지혜를 갖추고 있었다. 그 지혜는 바로 절대적 힘의 독점을 포기하고 형제자매들과 힘을 나누는 것이었다. 하지만 정도가 지나쳤다! 이 벼락은 —애초에 '벼락'이라고 불렀다— 제우스가 키클로페스들을 풀어주었을 때 그들이 그에게 주었던 것이었다. 벼락에서는 세 가지 섬광이 나왔다. 첫째는 예견하는 빛, 둘째는 벌하는 빛, 셋째는 죽이는 빛이었다. 제우스는 이 벼락을 늘 정확하게, 그리고 효과적으로 사용했다. 그런데 구태여 펠로폰네소스나 상하이, 혹은 브뤼셀에서 사는 아무런 자질도 없는 저 무수한 인간과 이 벼락을 나눠 가질 필요가 있을까? 제우스가 합법적인 벼락을 독점적으로 사용할 수 없었다면 어떻게 올림포스의 지배자로 남을 수 있었겠는가? 그러니 거기에는 놀라 뒤로 자빠지거나 정신과 상담 소파에 드러누울 만한 이유가 있는 것이다.

오이디푸스

프로이트는 우리가 모두 아버지에게서 처음으로 증오를 경험했듯이, 어머니에게서 처음으로 성적 충동을 느꼈을 수도 있다고 말한다. 우리 어린 시절의 무의식적 욕망을 실현하는 오이디푸스는 우리를 사로잡는다. 그의 운명은, 랍비의 손자였던 프로이트가 성경이 아니라 그리스 신화에서 발견했을 저 보편적 진실을 비극적인 방식으로 보여주는 데 있었다. 아마도 그럴 것이다. 하지만 여기에는 또 다른 이야기가 숨어 있다. 자기 운명을 피해가기 위해 오이디푸스가 했던 모든 조처가 기계적일 뿐 아니라 거의 아이러니하다고 말할 수 있을 정도로 그의 운명을 집행하는 것처럼 되어버렸다. 그는 입양됐다는 사실을 알지 못한 채 코린트에서 양부모의 보호를 받으며 성장했고, 성인이 되어 신탁을 받아 끔찍한 예언을 듣게 된다. 자신에게 예언된 친부살해와 근친상간을 알고 나서 공포에 빠진 그는 고향으로부터 멀리 도망쳤고, 여행길에서 우아하지만 호전적인 무명의 여행객을 만난다. 이 여행객이 태어나자마자 자신을 버린 친부 라이오스 왕이

라는 사실을 꿈에도 상상하지 못했던 그는 마침내 그를 죽인다. 스핑크스의 수수께끼를 풀었기에 그는 몇 년 후 테베의 왕이 됐고, 자기 어머니라는 사실을 모른 채 이오카스테와 결혼한다. 페스트가 도시에 창궐했을 때, 라이오스를 살해한 자가 도시에서 쫓겨나는 날 도시에서 질병이 사라질 것이라는 신탁이 내려온다. 오이디푸스는 조사에 착수하고, 그는 결국 진실을 알게 된다. 이 진실의 무게를 견딜 수 없었던 그의 어머니는 자살하고, 그는 스스로 두 눈을 찔러 장님이 되어버린다. 신탁은 과연 옳았다. 그동안 그가 했던 모든 노력이 물거품이 될 판이었다. 라캉은 우리가 그의 이야기에서, 그의 '현실'에서 벗어나지 못한다고 말한다. 운명에 대한 고대인들의 생각은 현실에 대한 정의를 이해하는 데 도움을 준다. 현실을 요리조리 피해 간다는 것은 불가능한 일이며, 부정하기에는 또한 너무도 극적이기 때문이다. 정신분석의 진정한 목적이 바로 여기에 있다. 우리가 현실을 받아들이고, 현실에 귀 기울이도록 돕는 일 말이다. 세상에는 우리 힘으로 바꿀 수 없는 것들이 있다. '오이디푸스 콤플렉스'를 그럭저럭 잘 해결하고 살아가는 아이들보다 우리는 훨씬 더 복잡한 존재다. 예컨대 우리는 우리가 이 세상에 오기 훨씬 전에 이미 시작됐고, 싫든 좋든 우리를 구성하고 있는 서사의 상속자들이다. 이 서사에서 빠져나오려고 하면 할수록 이것은 운명을 우리 몸에 절대 떨어지지 않도록 붙들어 맬 것이다.

20. 치명적 불꽃

프로메테우스

반역자 프로메테우스는 신에게 불을 훔치는 것보다 더 심한 짓을 저질렀다. 그는 인간에게 인간이 되게 해주었다. 이름이 '먼저 보는 자'를 의미하는 프로메테우스는 제우스에게 도전하고 인간 편을 들기 전에 올림포스 신에 속해서 지옥 타르타로스에 갇힐 운명에서 벗어난 티탄이었다. 그러다가 모든 것이 '황금기'의 정점에서 시작됐다. 인간과 신은 바람직한 조화를 이루며 살고 있었으나 이 '인간'은 아직 우리가 지금 알고 있는 그런 의미의 인류가 아니었다. 그는 노동도 고통도 죽음도 이해하지 못했다. 그는 늙지도 않았고, 어느 날 그저 영원히 잠에 빠질 뿐이었으며, 여성도 존재하지 않았다! 제우스는 프로메테우스에게 인간과 신을 뚜렷이 구분하라고 명령했고, 희생 제물로 바쳐진 황소를 나눌 때 인간과 신에게 돌아갈 몫에 정확한 분배 원칙을 적용하라고 지시했다. 그런데 프로메테우스는 속임수를 쓴다. 그는 제우스에게 둘 중 하나를 고르라면서 한쪽에는 불에 구운 먹음직스러운 지방으로 덮인 소뼈들을 놓았고, 다른 한쪽에는 보기에도 역겨운 내장 안에 최상급 살코기를 숨겨두었다. 그러나 이것은 정말로 철없는 행동이었다! 제우스는 프로메테우스의 잔꾀에 속지 않았지만, 마음속으로 복수를 다짐하며 그의 계략에 걸려든 척한다. 프로메테우스를 벌주기 위해 제우스는 이 오만한 자가 두둔하려 했던 인간을 괴롭힌다. 제우스는 고기를 구워 먹으며 쾌락을 맛보게 해주었던 신성한 불을 인간에게서 빼앗아온다. 하지만 프로메테우스는 여전히 자기가 제우스보다 더 똑똑하다고 믿었다. 그는 밤이 되자 올림포스산에 올라가 신에게서 불씨를 훔쳐 회향 줄기의 구멍 속에 숨긴다. 기회가 도둑질을 부추기는 법이다. 그는 내친김에 신으로부터 예술과 기술까지 훔친다. 몹시 화가 난 제우스는 밀을 땅속에 묻어버리면서 한 번 더 인간을 벌준다. 이제부터 인간은 노동해야만 살아남을 수 있게 됐다. 게다가 이것이 전부가 아니었다. 제우스는 인간들에게 최초의 여성, 판도라를 보낸다. 판도라의 등장으로 이제는 세대가 자연 발생적으로 이어질 수 없게 됐고, 거의 불멸에 가까웠던 인간의 삶도 사라졌다. 이제부터 인간은 태어나고 죽게 될 것이며 번식하기 위해 여성의 '배'를 괴롭혀야 할 것이다. 아무것도 대신할 수 없는 논리가 여기서 작동한다. 프로메테우스가 '배'로 죄를 지었으니, 인간도 '배'로 대가를 치르게 될 것이다. 게다가 프로메테우스도 똑같은 처지였다. 올림포스산 위에 쇠사슬에 묶인 그는 끊임없이 다시 생겨나는 간을 독수리에게 매일 파먹힌다. 하지만 그는 계속해서 제우스에게 맞서며 활동을 펼친다. 노동의 벌을 받은 인간은 자기 이마에 땀 흘려 스스로 일하고 그 결과에 만족하는 활동의 기쁨도 발견하게 될 것이다. 번식해야 할 의무가 생긴 인간은 여성, 이타성, 섹스의 쾌락 등 전에 모르던 것들을 새로이 발견하게 될 것이다. 고통의 운명을 걸머지게 된 인간은 그와 동시에 안락의 기쁨도 발견하게 될 것이다. 모호하고 뒤죽박죽이지만, 이전과 달리 전혀 새로운 인간, 이 매력적인 필멸자가 바로 우리 자신이다.

21.
벽창호

다이달로스

다이달로스를 잘 알고 있다고 말할 때조차 잊고 있는 사실이 꽤 많아 믿기 어려울 정도이다. 엔지니어이자 설계사이고, 조각가이자 건축가이며, 천재 발명가(도끼, 접착제, 측정기, 그리고 톱도 십중팔구 그의 발명품이다) 다이달로스는 한계를 모르는 재능의 소유자였다. 하지만 바로 거기에 문제가 있었다. 그가 자기 기술을 최악의 망상과 광기로 넘치는 변덕스러운 짓에 사용했기 때문이다. 그는 행복한 삶의 건축가가 되기보다는 권력자 특유의 히브리스(오만)에 봉사하는 장인이 됐다. 포세이돈의 저주를 받은 미노스 왕의 부인 파시파에는 바다의 신이 보낸 흰 황소를 보자 순식간에 광적인 열정에 사로잡힌다. 다이달로스는 왕비가 안으로 들어갈 수 있게 나무로 암소 형상을 만들어 그녀가 욕망을 마음껏 채우게 해주었다. 신들마저 놀라게 한 천재의 재능을 갖춘 다이달로스는 해내지 못할 일이 없었고, 불가능을 가능으로 바꿀 수도 있었다. 하지만 파시파에의 저주받은 행위로 '미노타우로스'라는 반인반우의 괴물이 탄생한다. 끔찍한 괴물이지만 왕비의 소생이고, 자신도 이 저주에 일말의 책임이 있었던 미노스 왕은 미노타우로스를 차마 죽이지 못하고, 한번 안으로 들어가면 다시는 빠져나올 수 없는 미로를 만들어 거기에 가두기로 하고 다이달로스에게 미궁 건축을 의뢰한다. 그렇게 다이달로스는 작업에 착수하지만, 이미 모든 것이 기술의 악순환을 예고하고 있었다. 그가 천재적인 기술을 발휘해서 실물과 똑같은 가짜 암소를 만들지 않았더라면, 파시파에가 흰 수소와 관계하여 미노타우로스를 낳지도 않았을 테고, 미노타우로스가 태어나지 않았더라면 천재적인 기술을 발휘해서 미로를 만들 이유도 없었을 것이다. 이처럼 하나의 기술이 저지른 잘못을 바로잡기 위해 또 다른 기술이 개발되어야 하고, 이 기술이 저지른 잘못을 바로잡는 또 다른 기술이 개발되어야 하는 악순환이 계속된다. 그리고 이야기도 이렇게 끝없이 반복된다. 다이달로스는 미로에서 빠져나올 비결을 묻는 아리아드네에게 실뭉치를 사용하는 기발한 아이디어를 알려줬고, 그렇게 테세우스가 미로에서 탈출하자, 미노스는 이 괘씸한 천재를 벌하고자 그의 아들 이카로스와 함께 미로에 가두어버린다. 하지만 그때까지도 다이달로스는 여전히 기술이 만든 것을 기술이 구제할 수 있다고 믿고 있었다. 그는 역발상의 천재성을 발휘해서 수평으로 미로의 출구를 찾지 않고 수직으로, 다시 말해 '위쪽으로' 하늘을 통해 탈출하기로 작정하고, 새의 깃털을 모아 인공 날개를 만들고 그것을 자기와 아들의 팔에 밀랍으로 붙였다. 그렇게 기상천외한 방법으로 미로를 탈출한 다이달로스와 이카로스의 일화를, 우리는 잘 알고 있다. 이카로스는 다이달로스가 보는 앞에서 추락해 물에 빠져 죽는다. 기술이 모든 문제를 해결할 수는 없었다. 뛰어난 재능은 그 자체로 가치가 없다. 재능은 결말로 잘 나아가는 방법을 제공할 뿐이다. 물론 뛰어난 재능은 행복해지는 데 도움을 주거나 행복에 필요한 기상천외한 도구가 될 수는 있다. 재능의 사용은 결국 우리 선택에 달린 문제다.

22.
고독하다고?

아, 그거 쉽지 않아요.
결국 나도 과부와 고아들을
구해주며 무료함을 달랬죠.

심지어 달톤 형제
일부러 풀어줬다
다시 잡아들이기도

난 정말로 그게 뭔지
잘 알고 있다니까요.

집에서 멀리 떠나와 고독한
카우보이'가 된다는 것!

고독하다고?

* 벨기에 만화가 모리스 드 베베르의 『럭키 루크(*Lucky Luke*)』에서 루크가 타는 말 이름.

켄타우로스

켄타우로스는 남성에게는 꿈같은 존재, 여성에게는 판타즘의 대상이 될수 있을지도 모른다. 말의 성적인 힘과 인간의 지성을 겸비한 존재, 다시말해 본능과 정신이 결합한 존재였지만, 켄타우로스는 너무 자주 단순한미개인처럼 행동했다. 펠리온산에서 내려오면 잔뜩 취해 여성들을 강간하거나 문화를 파괴하는 망나니짓을 일삼았다. 그렇게 짐승 하체에 잠재한거친 동물성이 인간 상체가 추구하는 인간성을 억누르는 것만 같았다. 이웃 라피타이족과 벌인 전투에서 겪은 패배는 문명과 대립하는 야만의 패배를 의미했다. 켄타우로스족은 지성마저도 본능을 충족하는 데 사용했다. 헤라클레스의 아내 데이아네이라를 등에 태워 물이 불어난 강을 건너게 해주겠다고 헤라클레스를 설득한 켄타우로스 네소스는 그녀를 겁탈하려고 한다. 아내의 비명을 듣고 놀란 헤라클레스는 화살을 네소스의 가슴에 적중시킨다. 그러나 그 순간에도 켄타우로스는 끈질기고 교활하게 잔꾀를 부린다. 그는 죽기 전에 데이아네이라에게 '내 상처에서 흐르는 피

를 내 정액과 섞어 헤라클레스의 옷에 묻혀두면 너는 헤라클레스의 영원한 사랑을 보장받을 수 있다'고 속삭인다. 켄타우로스가 죽어가는 순간에 거짓말할 리가 없다고 생각한 데이아네이라는 그의 말을 믿었고, 이 사건으로 영웅은 결국 목숨을 잃는다. 하지만 모든 켄타우로스가 그와 같지는 않았다. 자기 동족과 전혀 달리 현명하고 너그러운 '폴로스'와 '케이론'이라는 두 켄타우로스가 있었다. 케이론은 아킬레우스와 헤라클레스의 교육을 맡았다. 아르테미스와 아폴론에게 교육받은 케이론은 음악과 사냥, 치료술과 미래를 읽는 법을 알고 있었다. 그러고 보면 해리 포터가 만나게 될 켄타우로스 피렌체 교수는 케이론의 먼 후손인 듯하다. 같은 혈통이 아닌데도 폴로스와 케이론의 존재는 의문을 낳는다. 켄타우로스는 미노타우로스와 반대되는 모습을 보여준다. 미노타우로스에게서 인간적인 면모는 거의 없고, 그런 것을 기대할 희망도 전혀 없다. 켄타우로스에게는 말의 성기가 달렸어도 별로 쓸모가 없고, 문명의 희망을 품게 해주는 인간적인 부위는 역시 머리다.

페가수스

‘인류의 안녕’은 신학자의 섬세한 해석보다 오히려 식이요법에 달렸다. 1888년에 니체가 『이 사람을 보라(*Ecce Homo*)』에서 발표한 이 대목은 가히 혁명적이다. 우리가 먹는 것이 바로 우리이다. ‘망치를 든 철학자’가 자기 동시대인들에게 한 방 먹인 것이 바로 이것이었다. 이천 년 전부터 기독교적 이원론을 신봉하면서 육체를 경멸하고 오로지 정신만이 영원하다는 생각과 함께 자란 자들은 물론 니체의 말을 들을 준비가 되어 있지 않았다. 그러나 이 진실은 니체가 즐겨 읽었던 호메로스의 작품에서 이미 윤곽을 드러냈다. 우리가 먹는 것이 우리를 구성하고 우리를 정의한다. 그렇지 않다고 어떻게 말할 수 있겠는가? 올림포스의 신들조차 그들이 먹고 마시는 암브로시아와 넥타르에 자신의 불멸성을 빚지고 있다. 아킬레우스도 어릴 적 간식으로 먹었던 야생 동물의 골수 덕분에 육체적 힘은 물론 영혼의 힘까지도 유지할 수 있었다. 탄탈로스가 그렇게나 가혹한 형벌을 받았던 까닭은 아들 펠롭스를 신들에게 먹을거리로 내놓아 그들을 속이려 했기 때

문이었다. 먹는 것에 우리가 주의를 기울이는 것은 이렇게 자기 배려의 궁극이라고 할 수 있다. 같은 글에서 니체는 동시대인들의 형이상학적 우둔함과 그들이 맥주를 곁들여 게걸스럽게 먹는 삶은 고기의 관계를 조롱한다. 그러면서 그는 독일 정신이 엉망이 된 창자에서 탄생했다고 결론짓는다. 게다가 먹는다는 것은 함께 먹는다는 것을 뜻한다. 우리는 호메로스의 작품에서 연회의 예술을 묘사한 아름다운 장면들, 노래로 들려주는 시인의 이야기를 들으며 진귀한 요리를 맛보고 포도주를 마시고자 함께 어울리며 존재하는 기쁨을 새롭게 발견한다. 따라서 그리스에서 급격히 확산되고 있는 정크푸드에 대한 오디세우스와 헤라클레스의 근심은 거짓이 아니다. 그들은 우리가 탐욕스럽게 삼키는 동물들에게 가하는 가혹한 행위 때문에 우리 자신이 고통받게 되리라는 사실을 알고 있었다. 수십 년의 산업 생산 제일주의가 우리에게 잊어버리게 한 것이 무엇인지 그들은 알고 있었던 것이다. 폐쇄된 공간에서 공장식 축산으로 기른 닭의 고기나 냉동 라자냐 같은 것을 먹고는 절대 영웅이 될 수 없다는 사실 말이다.

변신 이야기

어쩌면 이 두 여성은 조금 지나치다 싶을 정도로 로맨틱한지도 모른다…
두 사람은 가면 없이 자신의 진짜 얼굴을 드러낸 남녀의 만남을 이야기한
다. 두 눈 깊은 곳에서 서로 상대의 영혼을 보기 위해, 만나자마자 가면 따
위는 벗어버리기를 바라는 것이다. 그러나 유혹은 다른 법칙을 따른다. 유
혹은 역할 놀이이며 그 자체로 충분하다. 게다가 우리는 누군가를 기쁘게
하려고 흔히 다른 사람인 척하고, 그러는 과정에서 전에는 생각해본 적이
없는 자신의 또 다른 면모를 발견하기도 한다. 자기 것이 아닌 옷을 입고
편안함을 느낀다면, 그것은 아마도 그 옷이 그런대로 자신에게 잘 맞기 때
문일 것이다… '사람(person)'이라는 말이 '연극 가면'을 의미하는 라틴어
'페르소나(persona)'에서 유래했다는 사실을 상기해보자. 우리를 다소간 변
신하게 하는 것에 크게 겁먹을 필요는 없다. 변신은 자신에게 다다르는 데
얼마간 좋은 길이 될 수도 있다. 제우스는 이 사실을 잘 이해하고 있었다.
그는 다나에를 정복하려고 황금비로 변신하거나, 그가 미리 암송아지로

변신시켜놓은 이오와 사랑에 빠지려고 자신은 황소로 변신하기도 했다. 그는 레다를 품에 안으려고 백조가 되기도 했다. 이렇게 해서 그는 어느 때보다도 더욱 제우스다울 수 있었다. 게다가 이런 변신은 제우스만의 고유한 능력도 아니었다. 다른 신들도 역시 이런 능력을 갖추고 있었다. 네메시스는 제우스에게서 벗어나려고 거위로 변신했고, 포세이돈은 메두사 고르곤에게 접근하려고 말로 변신했다. 오비디우스는 『변신 이야기』에서 거인들과 맞선 올림포스 신들의 전쟁에 관한 일화를 들려주는데, 여기서 신들은 작은 동물로 변신해서 이집트 사막으로 도망친다. 그렇다면 단순한 필멸자 인간에게는 허락되지 않는 이 변신의 힘이 내포한 의미는 무엇일까? 겉모습은 언제라도 달라질 수 있으니 속지 말라는 교훈일까? 그럴 수도 있다. 하지만 그것이 전부는 아니다. 변신은 우리가 경이롭다고 생각하는 것이 거기서는 아주 자연스러운 것인 어떤 세계, 우리의 하찮은 정신으로는 모순이라고 규정할 수 없는 것이 거기서는 전혀 그렇지 않은 어떤 세계에 대해 우리에게 말한다. 변신은 우리가 이해할 수 없는 것을 받아들이기를 우리에게 요구하고, 신들과 필멸자들, 그러니까 육체에 묶여 살아가도록 강제되고, 자신의 외모, 자신의 정체성에 붙박인 필멸자 사이의 차이를 강조한다. 니체나 사르트르 같은 몇몇 철학자가 강력하게 거부하는 것은 바로 본질에 갇힌 인간의 이 같은 한계다. 그리스 신들과 마찬가지로 우리도 변신할 수 있다고, 제한 없이 우리를 다시 발견할 수 있다고, 그들은 우리에게 말한 것이다. 사르트르는 『실존주의는 휴머니즘이다』에서 인간은 '본질'을 갖지 않는다고 썼다. 다시 말해 그는 바로 이렇게 인간을 동물과 사물로부터 구별했던 것이다. 인간은 있는 그대로가 되려고 고집할 필요가 없다. 인간은 이것도 저것도 될 수 있으며, 좋은 사람도 나쁜 사람도, 즐거울 수도 슬플 수도 있으며, 동성애자도 이성애자도 될 수 있다. 인간은 영웅이나 겁쟁이로 변신할 수도, 매력적인 사람이나 못생긴 자로 변신할 수도 있다. 정체성이 인간을 결정하는 것은 아니며, 본성에 의해서 결정되

는 것은 더욱 아니며, 사회적 배경이 인간을 결정하는 것은 더더욱 아니다. 그렇다고 주장하는 자들은 기만하는 것이다. 이런 자들은 이 총체적인 자유와 그에 따른 책임감에 두려움을 느낀다. 그러니까 이들은 신이 되는 것에 두려움을 느끼는 것이다. 결국, 신의 죽음을 선언한 니체와 무신론적 실존주의를 주장한 사르트르는 우리 자신에 관해, 우리의 결정, 우리의 가치, 우리의 삶에 관해, 우리가 신처럼 되기를 바랐다. 우리는 이 철학자들의 주장을 따를 수도 있다. 아니면 이와 반대로 그들을 불신하고, 거기에서 위험한 교만, 그러니까 그리스 신화가 우리에게 경계하라고 끝없이 경고하는 그 '히브리스(오만)'의 철학적 발현을 목격할 수도 있다.

이카로스

태양에 너무 가까이 다가가자, 이카로스의 날개가 타버린다. 피터르 브뤼헐이나 이후 마티스에게 영감을 불어넣은 이 주제만큼 보편적인 것도 없다. 사춘기 소년은 새가 될 꿈을 꾸고, 성인이 되어 스스로 신이라 믿는다. 하지만 '아들'은 특히 아버지의 말을 잘 듣지 않는다. 미노스 왕에게 벌을 받은 다이달로스는 자기가 건축한 미로에 아들 이카로스와 함께 갇힌다. 별것 아니었다. 왜냐면 그들은 불가능한 일을 해내는 데 성공하여 결국 공중으로 탈출했기 때문이다. 밀랍으로 팔에 진짜 깃털을 붙여 가짜 날개를 만들면 그것으로 충분했다. 그러나 다이달로스는 아들 이카로스에게 조심하라고 경고했다. 태양에 너무 가까이 다가가면 날개깃을 붙인 밀랍이 태양열에 녹아버릴 것이다. 바다 근처에도 너무 가까이 가지 말라고 했다. 습기 때문에 날개깃이 밀랍에서 떨어질 것이다. 따라서 태양과 바다로부터 같은 거리와 고도를 일정하게 유지하면서 정확하게 중간을 날아야 한다고 충고했다. 요컨대 그리스의 모든 지혜가 여기에 집약되어 있다. 아리스토

텔레스는 무모함과 비겁함 사이, 정확히 그 중간이 용기라면서 이 지혜를 환기할 것이다. 발명품은 제대로 작동했다. 마법 같은 기술로 이들은 차츰 공중으로 떠올라 마침내 하늘을 날기 시작했다. 이카로스는 이 새로운 자유에 맛을 들였다. 그는 그때까지 너무도 무겁게만 느껴지던 인간 삶의 조건에서 벗어나 자신이 한껏 자유로워진 것처럼 느껴졌다. 그는 기쁨에 취해 계속해서 하늘 높이 올라갔다. 그리고 드디어 태양에 가까워졌지만, 그에게는 그런 상황이 별로 대수롭지 않았다. 왜냐하면, 이제는 그가 바로 태양이고 바람이고 삶이었기 때문이다. 그는 자신이 신처럼 전능해졌음을 느꼈다! 이카로스 아래서 날고 있던 다이달로스는 위를 향해 아들에게 내려오라고 소리쳤지만, 이카로스에게는 이제 어떤 소리도 들리지 않았다. 그는 신이 됐고, 새가 됐고, 자유가 됐으며, 아무것도 그를 멈추게 할 수 없었다. 그러나 인간이 아무리 비상식적이고 예외적인 행동을 한다 해도, 자연의 법칙을 벗어날 수는 없다. 태양에 가까워지자 밀랍이 녹아버렸고, 더는 날갯짓을 할 수 없게 된 이카로스는 갑자기 몸이 중력의 지배를 받으며 무거워지는 것을 느꼈다. 그러고는 이후 그의 이름으로 불리게 될 바다를 향해 곧바로 추락했다. 다이달로스가 이카로스의 추락 지점에 이르렀을 때, 시야를 가리는 눈물 너머로 볼 수 있었던 것은 물 위를 떠다니던 몇 개의 깃털뿐이었다. 아들 아카로스에게서 남은 것이라곤 그것이 전부였다. 중국에는 '경험은 대머리를 위한 빗'이라는 속담이 있다. 지혜와 지식이 세대를 거쳐 전수된다고 믿는 인본주의자들에게는 받아들이기 어려운 속담인지는 모르겠으나, 어쨌든 이카로스 신화를 통해 후세에게 전수된 비극적 진실 중 하나는 아버지의 경험이 아들에게는 어떠한 탈출구 역할도 하지 못한다는 사실이다!

26.
오해

아틀라스

불쌍한 아틀라스! 영혼 없는 힘의 소유자, 조롱받는 거인 아틀라스! 형제
였던 프로메테우스가 올림포스 신들과의 전쟁에서 지혜롭게 제우스 편에
섰던 것과 반대로 아틀라스와 메노이티오스는 크로노스 편에 섰다. 제우
스는 벼락을 내리쳐 메노이티오스를 죽였지만 그다지 위험하지 않다고 판
단한 아틀라스는 목숨을 살려준 대신 두 팔로 천공(天空)을 떠받치는 벌을
내렸다. 이 형벌은 고귀하지만, 끝없이 조롱받고 심지어는 왜곡된 임무이
기도 했다. 아틀라스는 등에 지구의(地球儀)를 짊어진 인물로 자주 묘사되
지만, 여기에는 아무 의미도 없다. 당시 그리스인들은 지구가 둥글다는 사
실을 알지 못했고, 따라서 공처럼 둥근 지구에 여러 대륙이 있다는 사실도
모르는 것이나 다름없었다. 열두 과업 중 하나로 아틀라스산 저 높은 곳에
있는 헤스페리데스의 정원에서 황금 사과를 가져오는 과제를 받았던 헤라
클레스와 만났을 때도 아틀라스는 조롱을 피하지 못했다. 제우스의 아들
은 거인에게 적절한 거래를 제안한다. 자기가 아틀라스 대신 천공을 잠시

지고 있을 테니 헤스페리데스의 정원에 가서 황금 사과를 가져오면 어떻겠냐는 것이다. 영원히 천공을 짊어져야 하는 자기 운명에서 벗어날 수 있다고 믿었던 아틀라스는 헤라클레스의 제안을 기쁘게 받아들인다. 이윽고 아틀라스가 사과를 따 가지고 돌아오자 마치 천공을 영원히 짊어질 것처럼 굴던 헤라클레스는 아틀라스에게 자기가 어깨에 받침을 괴는 잠시 동안만 천공을 받치고 있어 달라고 부탁한다. 아무 의심 없이 헤라클레스가 시키는 대로 했던 아틀라스는 무슨 일이 일어날지 아무것도 눈치채지 못했다. 아틀라스가 자기 자리로 돌아온 사이에 헤라클레스는 그가 헤스페리데스의 정원에서 가져온 사과를 들고 달아나버린다. '짊어지는 자' 아틀라스는 그렇게 자기 자리를, 자기 운명을 되찾는다. 헤시오도스가 자기 책에서 기술했듯이 그는 이렇게 해서 붕대로 칭칭 감은 근육과 '피로를 모르는 팔'로 지구가 아니라 하늘을 영원히 걸머지게 됐다. 이 신화의 의미는 바로 여기에 있다. 하늘이 정신을 상징한다면, 아틀라스는 이제 근육만 발달한 얼간이가 아니라는 것이다. 이렇게 그는 정신을 유지하고 향상하는 데 없어서는 안 될 육체를 갖추게 됐다. 건강한 정신의 존재 조건인 건강한 육체의 화신이 된 것이다. 그러나 그에게 잃어버린 정의를 되찾아주려면, 두개골을 받치는 1번 목뼈를 '아틀라스'라고 부른 근대 해부학의 탄생을 기다려야 할 것이다.

27.
투구와 펜

126

아테나

올림포스의 여러 신 중에서 가장 현명한 신은 아테나이다. 제우스와 메티스의 딸 아테나는 너무도 많은 재능을 갖춘 여신이다. 아테나는 여성에 대한 고리타분한 고정관념, 즉 집에 틀어박혀 남편이 돌아오기만을 기다리며 히스테리를 부리고, 질투심으로 가득 찬 여성 멸시적 이미지를 한 방에 날려 버리기에 부족함이 없는 듯하다. 투구를 쓰고 갑옷을 입은 채 아버지 제우스의 두개골에서 태어난 그녀는 아버지의 사랑을 듬뿍 받는 자식이 된다. 아테나는 전쟁의 여신이면서 동시에 예술과 농경, 지혜 혹은 이지(理智)의 여신이다. 장인들의 수호 여신자 영웅들의 보호자이며 로마인들이 '미네르바'라고 불렀던 이 여신은 다른 신들보다 훨씬 다양하고 풍부한 능력과 재능을 갖추고 있었다. 여러 가지 일을 한꺼번에 해내는 재능을 타고나지 않은 인간을 생각하면 더욱 그렇다. 아레스 역시 전쟁의 신이었다. 아레스의 누이였던 아테네는 폭력을 몹시 즐겼던 아레스와는 완전히 다른 방식, 그러니까 더 지적이고 더 전술적이고 더 절제된 전투를 구현한다.

아테네의 상징이 올리브나무만이 아니라 황금 투구이기도 한 것은 우연이 아니다. 청록색 눈의 이 여신에게 전쟁의 목표는 물론 평화이다. 아레스가 학살의 신이라면 아테나는 냉전의 여신이다. '평화를 원한다면 전쟁을 준비하라'는 로마의 격언은 그녀의 것이 될 수도 있었을 것이다. 아테네가 백부였던 포세이돈을 제치고 도시 아테나의 수호 여신이 될 수 있었던 것도 바로 이 현명함 덕분이었다. 포세이돈과 아테네 중 하나의 신을 선택하기 위해 케크롭스 왕은 각자가 이 도시에 가장 필요하다고 생각하는 것을 제공해달라고 제안했다. 포세이돈은 삼지창으로 땅을 두드려 전투에서 무적인 검은 말과 함께 소금 샘물이 솟아나게 했다. 하지만 아테나는 평화와 동시에 풍요와 미래에 대한 염려를 상징하는 거대한 올리브나무를 땅에서 솟아나게 했다. 결국 아테나가 투표에서 이겼는데, 이는 인본주의자이자 선구자였던 왕 케크롭스가 투표권을 주었던 여성들의 표 덕분이었다. 앞의 만화에서 아테네가 웅변술이니 희곡이니 무언가 고상하고 지성적인 이야기를 늘어놓으며 거실로 들어왔을 때 고루한 그녀의 삼촌들이 왜 그토록 귀찮아하는 시선으로 그녀를 바라보았는지 짐작할 수 있다… 거기에 아테나의 아름다움을 더해보면 그녀의 이미지는 완벽에 가깝다. 우리는 여기서 균형 있는 문명의 모델을 남성들보다도 훨씬 잘 구현한, 강인하고 신중하고 아름답고 지적인 한 여인을 보게 된다. 매우 중요한 디테일을 놓치지 않는다면 말이다. 그러나 아테나에게는 여성으로서의 모자란 점이 있다. 아테네는 관능적인 사랑과 쾌락의 전율을, 육체의 즐거운 전투를 알지 못한다. 그녀는 처녀였고 또한 그렇게 남기를 원했다. 이런 까닭에 그녀를 '파르테노스'라 불렀는데, 이 말은 그리스어로 '젊은 처녀'를 의미한다. 그리스인들이 그녀의 영광을 기리고자 아크로폴리스에 세운 신전도 그녀뿐 아니라 '순결'도 함께 숭배할 목적으로 '파르테노스'라고 불렀다. 아테나가 남성을 절대 허용하지 않았던 것을 어떻게 이해해야 할까? 진정으로 강한 여성이라면 문화와 지혜와 전쟁에 전적으로 관심을 보이더라도 사랑

이 무엇인지도 알아야 하지 않을까? 우리는 아테나에게서 남성과 당당하게 맞서는 최초의 평등한 여성을, 페미니스트는 이상적인 모델을, 자기 애인을 치켜세우기 좋아하는 남성은 궁극적인 욕망의 대상을 발견했다고 생각할지도 모르겠지만… 어쩌면 가장 기본적인 문제로 되돌아갈 필요가 있을지도 모른다. 아테나는 숱한 재능을 갖췄지만, 자신의 아름다움을 더 매력적으로 빛나게 해줄 성적 매력이 모자랐던 것은 아닐까? 하지만 앞의 만화를 보면 유선 케이블 채널의 포르노를 마저 보려고 안달이 난 제우스와 포세이돈은 아테네에게서 훌륭한 가르침을 주려는 어린 동정녀의 모습을 발견하지 못한 채 그저 그녀를 쫓아내기에만 급급한 음탕한 노인네들처럼 보인다.

키클로페스

“내가 미쳤다면, 오로지 네 두 눈 때문이야. 눈은 한 쌍이어야 훨씬 좋거든.”이라고 가수 르노는 노래한다. 키클로페스는 이런 행운을 누리지 못한다. 키클로페스의 하나밖에 없는 눈은 지능의 결여와 폭발적인 힘을 상징하며, 이 종족이 진화 초기 단계에 머물러 있음을 말해준다. 이들의 눈이 하나라는 것은 단지 신체적 결함을 말하는 것은 아니기 때문이다. 분화구처럼 둥근 이 눈은 호메로스가 묘사했듯이 이들의 거대한 머리를 나무가 우거진 높은 산처럼 보이게 한다. 산꼭대기 근방 동굴에서 살면서 이들은 움직이는 모든 것을 향해 돌을 던지고 갑자기 분노를 표출하는데, 이런 점은 그들과 화산의 유사성을 강조한다. 눈이 하나 부족한 키클로페스는 얼굴이 좌우 비대칭이며, 이런 점에서 흔히 좌우 대칭을 기반으로 균형을 선호해온 질서와 문명에 대한 위협으로 인식되기도 한다. 누군가가 두 가지 의견을 동시에 갖고 있다면, 이 둘을 서로 비교할 수도 있고, 서로 대립시킬 수도 있고, 심지어 세 번째 해결책으로 이 둘을 넘어설 수도 있다. 헤겔

이 '사고하다'라고 부르는 것도 바로 이것이다. 하지만 의견이 하나뿐이라면, 감옥에 갇힌 것처럼 그 안에 고립되어 버린다. 마찬가지로 키클로페스의 하나뿐인 눈은 세 번째 눈이 보여줄 수 있는 것을 전혀 볼 수 없다. 이 눈은 오히려 두뇌를 대신하여 그들을 지탱하는 거대한 위장이나 그들의 야만성을 향해 열려 있는 창문과 같을 것이다. 하지만 키클로페스 중에는 성격이 매우 다른 자손도 있다. 몇몇은 포세이돈의 자식인 양치기나 거대한 식인종들처럼 주의력이 부족하고 심술궂다. 하지만 제우스가 지옥 타르타로스에서 그들을 해방했을 때 제우스 편에 섰던 고대 키클로페스들이나 우라노스와 가이아의 자식처럼 어리석기는 하나 유익한 키클로페스들도 있다. 또한 헤파이스토스의 조수였던 대장장이 키클로페스들도 있고, 도시를 위해 자신의 괴력을 사용한 건축가 키클로페스들도 있다. 따라서 앞의 만화에서 솔랑주는 운이 없었다고 보아야 할 것이다. 왜냐하면 아무리 블라인드 데이트라고는 해도 그녀는 최악의 키클로페스 부류에 속하는 자와 만날 약속을 했을 뿐 아니라, 그는 오디세우스의 선원들을 모두 먹어치우려 했기에 영웅이 눈을 터트려버렸던 바로 그 폴리페모스였다. 사랑은 눈을 멀게 한다고? 오오… 누구에게나 그런 건 아니다.

29.
성인용 완구

근데, 이 동네
으스스하네…

하데스-로슈
슈아르가 여긴가?

맞군. 지옥에서
가장 쿨한 부르주아
동네를 만들겠다고
했던 게 오래전인데
여전히 이 모양이야.

하데스가 12번지…
바로 여기야.

결혼 선물?

요즘엔 아르테미스
벨트가 잘 나가죠!

하모니의 목걸이, 아킬레우스의 방패,
펠롭스의 왕홀도 있습니다…

헤파이스토스 가게에서 쓸 만한 선물 찾았어?

아, 아니, 그게 좀 복잡하더라고···

그래서

'카스토라마 & 폴리데우케스' 숍으로 갔지!

할인

올리브 화분

헤파이스토스

화살 없는 큐피드, 갑옷 없는 헤라클레스, 허리띠 없는 아프로디테를 상상할 수 있을까? 이보다 더 심한 경우는 방패 없는 제우스, 왕좌 없는 헤라, 황금 궁전이 없는 신들이 아닐까? 헤파이스토스가 존재하지 않았다면 신화는 바로 이런 모습을 하게 됐을 것이다. 제우스와 헤라의 아들로 헤파이스토스는 철만이 아니라 구리와 청동과 금, 그리고 불의 화신이었고, 대장장이들과 금은 세공사들과 무기 제조자들의 신이었으며, 권력의 실세였고, 신들의 욕망을 빚어낸 장인이었다. 그의 내면에 마법사가 있었지만, 특이하게도 이 마법사는 완벽한 유물론자였다. 그에게 왕홀(王笏)이나 왕관, 수레나 심지어 제우스가 최초의 인간 여성인 판도라를 만들어달라고 했을 때, 그는 신성한 주문을 외거나 수수께끼 같은 주술을 부려 물건을 만들어내지 않았다. 벌겋게 타는 듯이 뜨거운 대장간 한가운데서 망치와 집게를 들고 나무와 금속을 사용해 자기 손으로 직접 만들었다. 우주의 모든 광경이 바로 이 수염 난 절름발이 신이 구상한 모습대로 구현된 것이다. 그는 이 세계의 재료로 이 세계를 발명했다. 그렇게 모든 것은 이미 존재하고 있었던 것이다. 재주와 끈기를 갖추고 재료를 담금질하고 만들어 사용하면 됐다. 모든 필요를 충족할 수 있는 것이 이 세계에 있다면, 다른 세계는 존재하지 않는 것이나 다름없다. 헤파이스토스의 대장간은 플라톤의 동굴과 정확히 반대된다. 철학자 플라톤은 우리를 진리의 빛에 이르게 하려고 동굴 밖으로 나오게 할 것이다. 하지만 불 속에서 모든 것을 창조하는 헤파이스토스에게 진리가 뜨겁게 타오르는 곳은 바로 대장간 안이다. 『일리아드』의 장엄한 노래 18편에서 호메로스는 테티스의 요청으로 헤파이스토스가 아킬레우스에게 만들어준 방패를 묘사한다. 대장장이는 다섯 겹을 덧대고 반짝이는 테두리를 문양으로 장식한 이 방패 표면에 그리스인들의 삶을 대표하는 다양한 장면을 새겨 넣는다. 거기서 우리는 천체와 도시, 강물과 초원, 혼인과 연회, 다툼과 무기, 열매 따는 아이들과 양 치는 목동을 본다. 그리고 거기서 분노와 마찬가지로 평화를, 쾌락과 마찬가지로 고통을 읽는다. 그리고 거기서 어른과 아이, 승자와 패자, 군주와 노예를 알아맞힐 수 있다. 풍부하면서도 모순되는 세계가 여기 있다. 문양이 새겨진 방패의 은도금 테두리는 세계의 경계를 한정한다. 무한하지 않은 세계가 여기 있다. 다른 세계는 존재하지 않는다. 다른 세계가 존재하지 않기에 이 세계를 사랑해야 한다. 장인이자 예술가인 헤파이스토스는 겉으로 보이는 모습보다 훨씬 현명하다. 물론 호메로스가 '흉측하게 다리가 굽은 자'라고 부른 그가 잘생겼다고 말할 수는 없지만, 이 차이는 어쩌면 그의 재능 때문에 생긴 것인지도 모른다. 이런 그의 겉모습은 태어나자마자 올림포스산 정상에서 자기 아들을 던져버릴 만큼 헤라를 분노하게 했다. 바다에 빠진 그를 테티스와 에우리노메가 거두었고, 그는 림노스섬 동굴 깊은 곳에서 숨겨진 채 자란다. 그곳에서 그는 테티스와 에우리노메에게 패물과 목걸이를 만들어주면서 기술을 충분히 익힐 여유를 갖는다. 단련해야만 대장장이가 될 수 있다… 몇 년 후, 반짝이는 브로치로 치장한 테티스를 만난 헤라는 그녀에

게 이 경이로운 물건을 누가 만들었는지 묻는다. '하얀 팔의 여신'은 이렇게 자기 아들을 되찾았고 그를 올림포스로 초대한다. 로마인들이 '불카누스'라고 부르게 될 헤파이스토스와 비슷한 외모 앞에서 사람들은 재물을 제공할 권능이 있는, 그와 마찬가지로 흉측한 외모의 인도 여신 칼리를 떠올린다. 또한 그리스 신들의 모자와 흡사한 장인의 뾰족 모자를 쓴 북유럽 신화의 난쟁이 대장장이들과 추한 외모로 아폴론의 시민에게 충격을 주었던 소크라테스, 혹은 다리를 절거나 불구이거나 눈은 멀었지만 늘 미래를 내다보았던 샤먼들의 모습을 떠올린다. 혹시 추한 외모가 이들을 세상에서 멀어지게 하고, 그것이 오히려 이들에게 재능을 갖추고 발휘할 기회를 주었던 것은 아닐까? 이들의 장애와 이들의 능력 사이에 어떤 비밀스러운 관계가 있었던 것은 아닐까? 이런 상황은 우리를 불편하게 하는 추함이나 기형, 혹은 다름에 대한 혐오의 본질을 의심하게 한다. 우리는 왜 외모를 넘어선 곳에 있는 것들을 볼 수 없는 것일까? 우리가 의지하는 규범이라는 것에서 벗어난 것들을 견디지 못한다면, 우리가 스스로 멀리한 자들이 발산하는 빛의 혜택을 받을 자격이 과연 우리에게는 있는 것일까?

30.
위험한
뒤꿈치

141

아킬레우스

𒐫𒐫𒐫𒐫𒐫𒐫𒐫𒐫𒐫𒐫𒐫𒐫𒐫𒐫𒐫𒐫𒐫𒐫𒐫𒐫𒐫𒐫𒐫𒐫𒐫𒐫𒐫𒐫𒐫

우리는 모두 어린 시절과 역사, 그리고 유전자로부터 허약함을 물려받았다. 육체적이건 심리적이건, 우리의 아킬레스건은 흔히 수치심이나 죄책감, 질투나 공포처럼 우리를 결핍과 무기력에 빠지게 하는 감정의 형태를 띤다. 그런데 이 허약함이 우리 자신에 대해 우리의 장점보다 오히려 더 많은 것을 말해준다고 한다면, 이는 놀라운 일일까? 이해하고, 인정하고, 제어할 수 있다면 이 허약함은 심지어 자신만의 고유한 힘이 될 수도 있다. 허약함은 우리가 어떤 존재인지 스스로 깨닫게 해준다. 우리는 기계도 신도 아닌 바로 인간이라는 사실을 말이다. 아킬레우스는 그리스의 모든 병사를 통틀어 가장 용감한 전사였다. 누구도 아킬레우스보다 적에게 더 많은 죽음을 선사하지 못했다. 펠레우스 왕과 님페 테티스 사이에서 태어난 아킬레우스는 켄타우로스 케이론에게 달리기와 의술, 무기 다루는 기술을 배웠다. 사자의 골수와 야생 동물의 내장으로 영양분을 섭취하며 성장한 그는 청소년이 되자 길고 따분한 존재가 되기보다는 짧지만 강렬한 삶을 살고 싶다며 자기 색깔을 서서히 드러낸다. 그는 행복이 아니라 영광을 원했다. 오디세우스가 가정으로 돌아가기를 갈망했다면, 아킬레우스는 영웅으로 죽기를 원했고, 사람들에게 영원히 잊히지 않는 존재가 되고 싶어 했다. 그는 인자한 할아버지가 아니라 반짝이는 혜성이 되기를 꿈꿨다. 하지만 그러려면 그에게 약점이 필요했다. 달리 말해, 그에게 문제는 어떻게 죽느냐였다. 그의 어머니는 어린 그를 스틱스강에 담갔고 이로 인해 그의 몸은 영원히 소멸하지 않는 불사가 됐다. 이 독한 어머니는 자기 아들에게 신의 권능을 주고 싶었지만, 아킬레우스를 물속에 완전히 잠기게 하지는 못했다. 어머니는 그의 '뒤꿈치(발목)'를 잡고 그를 거꾸로 물에 넣었고, 결국 이 부위가 아이의 몸에서 유일한 약점으로 남았다. 어찌 보면 이 영웅의 아킬레스건은 발뒤꿈치가 아니라 그의 어머니가 아니었을까. 아킬레우스와 맞선 트로이의 파리스는 그를 가볍게 물리쳤다. 아폴론의 조언에 따라 파리스는 화살 한 대를 상대의 발뒤꿈치에 정확히 맞추었고, 이 한 대로 아킬레우스는 마침내 자신의 운명을 완성할 수 있었다. 그의 운명은 친구 파트로클로스의 죽음을 복수하고, 헥토르를 죽이고 나서 전투 중에 장렬하게 전사하는 것이었다. 아킬레스의 뒤꿈치는 그가 전설이 되도록 이 영웅에게 날개를 달아주었으며, 그렇게 그의 운명을 완성하는 수단이 됐다. 그에게는 약점이 바로 진정한 불멸의 발판이 됐던 것이다.

31.
올림포스산 선경의 지상

데메테르

이렇게 행동하는 여신을 신뢰할 수 있을까? 여성 주간지에 푹 빠진 그녀는 가뭄 피해를 걱정하거나 일반의 이익을 생각하기보다는 자기 형제자매들의 애정 행각에 더 관심이 많은 것 같다. 더구나 이 농경과 수확의 여신이 사적인 일에 매달려 자기 임무를 내팽개친 것이 이번이 처음이 아니다. 일전에 저승의 왕 하데스가 자기 딸 페르세포네를 납치했을 때 그녀는 지상의 수확물을 완전히 포기한 적이 있었다. 당시 그녀는 다른 일을 전혀 염두에 두지 않았다. 기근의 위협을 받은 인간이 모두 죽어가도 아랑곳하지 않은 채 오로지 잃어버린 딸을 찾아 헤맸다. '데메테르'라는 이름이 '땅의 어머니'라는 의미에서 비롯됐다는 사실을 고려할 때 그녀의 임무 태만이 정당성을 부여받기는 어려울 것이다. 결국, 인간 세상의 기아를 막기 위해 제우스가 개입해야 했다. 헤르메스의 중재로 제우스는 하데스에게 페르세포네를 어머니의 품으로 돌려보내기를 요청한다. 하지만 망자의 왕국에서 음식을 먹은 자는 절대 그곳에서 벗어날 수 없었다. 자기 아내가 된 아름다

149

운 포로에게 하데스가 석류를 이미 먹인 후였으므로, 합의를 끌어내기 위해 제우스는 협상자의 능력을 발휘할 수밖에 없었다. 결과적으로 페르세포네는 겨울에는 하데스와 지내고, 나머지 시간에는 어머니와 함께 있게 됐다. 이렇게 해서 계절이 탄생했다. 겨울에 딸을 잃은 데메테르가 시름에 빠지면 땅도 메마르고 균열이 생긴다. 그러다가 딸이 곁으로 돌아오는 봄에는 만물이 다시 소생한다. 영원히 지속되던 봄을 이렇게 사계절이 대체했지만, 그리스인들은 여신을 원망하지 않는 듯하다. 그러니까 그녀는 자신이 어떻게 처신해야 하는지 잘 알고 있었던 것이다. 올림포스의 여러 신 중에서 유독 그녀만이 대지에 머물면서 인간에게 곡물 파종, 경작, 재배와 제빵 기술을 가르쳤다. 가이아가 원초적인 대지였다면, 가이아의 손녀인 데메테르는 경작하고, 재배하고, 노동해서 비옥해지는 대지의 여신이다. 씨앗이 움트고 식물이 잘 자라도록 그리스인들이 제사를 올린 대상은 가이아가 아니라 데메테르였다. 그들은 이 여신을 기리고자 사방에 제단을 세웠고, 성대한 연회가 열릴 때면 돼지를 제물로 바쳤다. 또한 풍요와 성교가 어우러진 행렬이 이어질 때면 점토 조각 성기를 가득 담은 바구니를 흔들어댔다. 『노동과 나날』에서 헤시오도스는 이 여신이 평화와 인간의 행복한 노동을 기뻐했음을 말해준다. 바로 이 점에서 그녀는 심심파적으로 인간 사이에 불화나 조장하고, 장난삼아 인간 사이에 분쟁의 불씨를 던졌다가 서둘러 진화에 나서는 다른 신들과는 사뭇 달랐다. 그래도 데메테르가 자기 임무를 소홀히 했고, 이 같은 실수가 반복될 수도 있다. 게다가 그녀는 자기 책임을 물으러 찾아온 농부들을 티탄들에게 보냈다. 어떤 면에서 우리는 당시 그리스인들보다 영리한지도 모른다. 물론 지구 온난화로 계절의 리듬이 깨졌고, 집약적 농업으로 지력을 소진하면서 우리는 무책임하고 광적으로 행동했다. 우리가 한 가지 이해한 것이 있다면 그것은 바로 데메테르에게 우리를 맡길 수 없다는 것이다.

32.
트로이의
규칙

트로이 목마

전쟁에서는 무력 이외의 다른 수단으로 승리를 거둘 수도 있다. 적의 자리를 차고 들어가, 그들의 믿음을 조롱하는 전략을 이용해서 말이다. 헥토르와 아킬레우스의 죽음 이후, 전투가 교착 상태에 이르자 오디세우스는 새로운 계략을 고안해낸다. 스무 명가량의 병사가 안에 들어갈 수 있는 목마를 만들고 트로이인들에게 이것이 아테나에게 바치는 봉헌물이라고 한다면, 성안으로 안전하게 들어갈 수 있으리라 판단했다. 그리고 트로이인들이 의심하지 않도록 그리스군이 공격을 중단하고 후퇴하는 척한다면 이계략은 성공할 가능성이 컸다. 계략은 치밀했다. 트로이인들의 의심을 없애려고 나무로 말을 거대하게 제작해서 성문을 통과할 수 없게 했고, 카산드라의 경고를 무시하고 트로이인들은 결국 이 봉헌물을 성안으로 들이려고 스스로 성벽의 일부를 부숴버렸다. 얼마나 뛰어난 전략가인가. 오디세우스는 자신의 무력에 만족하지 않았다. 그는 적을 적의 패배에 등장할 배우로 만든 것이다. 밤이 되어 승리를 축하하며 흠뻑 취한 트로이인들이 잠

들자 오디세우스는 나무 말 속에 숨어 있던 병사들을 풀어놓았고, 이 병사들은 밖에서 기다리고 있던 같은 편에게 성문을 열어주었다. 여기까지는 그래도 괜찮았다. 정신은 여전히 통제할 수 있는 수준이었다. 하지만 이 상태는 오래가지 않았다. 그리스인들은 도시 약탈에서 절제를 잃어버렸다. 그들은 잠든 트로이인들을 학살했고, 여자들을 강간했으며, 훗날 복수하지 못하도록 남자아이들을 모조리 죽였다. 절제되지 않은 분노가 그들을 불살랐고, 아무것도 그들의 광기를 멈추지 못했다. 그들은 마침내 불타는 궁전 앞에서 프리아모스 왕의 목을 벴다. 이들의 광포함에 산전수전 다 겪은 신들마저도 정신을 차리지 못했다. 이 비극은 심지어 훌륭히 끝냈다고 주장할 때조차도 전쟁이 인간에게 어떤 짓을 하는지를 똑똑히 보여주었다. 수준 높은 전술도 전쟁이 타락하는 것을 막을 수 없다. 만약 신들이 선량했다면, 그들은 앞의 만화에서처럼 차량 견인 직원으로 변신하여 이 학살을 막을 수도 있었을 것이다. 하지만 그들은 그렇게 하지 않았다. 그리스 신에게 인간의 전쟁보다 더 흥미로운 오락은 없기 때문이다.

색인과 해설

50 NUANCES
DE GRECS

가이아 pp. 44-45, 83, 84, 133, 150

그리스 신화에서 '대지'의 의인화된 여신으로 만물의 어머니이자 신들의 어머니로 창조의 어머니 신이다. 가이아는 모든 생명체의 모태인 대지를 상징한다. 가이아의 탄생과 관련해서 대표적인 두 가지 설명이 있다. 하나는 가이아가 '카오스'와 더불어 혈연관계 없이 태초부터 존재한 신이라는 것이다. 혈연관계 없이 태초에 탄생한 존재는 카오스, 가이아, 에로스다. 이때 가이아는 카오스보다는 나중에, 에로스보다는 먼저 태어난다. 그런가 하면 혈연관계에 의해 태어난 존재로 빛의 의인화된 신 아이테르와 낮의 의인화된 신 헤메라 사이에서 태어난 딸이라는 설명도 있다. 이에 따르면, 가이아는 하늘의 의인화된 신 우라노스와 바다의 의인화된 신 폰토스와 남매지간이다. 가이아는 그리스 신화에 등장하는 신들의 모신(母神)으로, '창조의 어머니 신'이라는 명칭처럼 많은 자식을 낳는다. 가이아의 자식들은 크게 세 부류, 즉 처녀 생식으로 태어난 자식들, 남신과 맺은 관계의 결실로 태어난 자식들, 미지의 파트너와의 관계에 의해 태어난 자식들로 분류될 수 있다. 특히 가이아가 처녀 생식을 통해 낳은 자식들은 엄격한 의미에서의 신이라기보다는 자연의 의인화된 신, 즉 자연을 구성하는 기본 요소로 파악할 수 있다. 가이아(대지)는 지칠 줄 모르는 생산력 덕분에 점차 우주의 어머니이자 신들의 어머니가 됐다. 그리스인들이 신들을 인간화함에 따라 대지는 데메테르 혹은 키벨레와 같은 여신으로 구현됐으며, 이들의 신화는 좀 더 인간에 가깝고 한층 더 상상력에 호소하게 됐다. 반면 대지를 우주 생성의 기본 요소로 보는 생각은 신화의 영역을 떠나 철학의 영역으로 들어가게 된다.

고르곤 p. 9

그리스 신화에 등장하는 무서운 모습의 여성 괴물로 스텐노, 에우리알레, 메두사 세 자매를 가리킨다. '두려운 것'이라는 뜻의 그리스어 '고르고스'에 어원을 두고 있으며, 고르고 혹은 일족 전체를 고르고네스라고 부르기도 한다. 이들은 바다의 신인 포르키스가 누이인 케토와의 사이에서 낳은 딸들이다. 포르키스와 케토는 고르고네스 외에도 태어나서부터 노파였다고 전해지는 그라이아이 세 자매와 황금 사과가 자라는 헤라의 정원을 지킨다는 헤스페리데스 세 자매를 낳았다. 고르곤 세 자매는 헤스페리데스의 정원이 있는 서쪽 지방에 살았으며, 뱀으로 된 머리카락과 멧돼지 어금니, 용 비늘로 덮인 몸, 청동으로 된 손, 금으로 된 날개가 있었다. 고르곤 가운데 메두사는 원래는 아름다운 모습이었으나 아테나 여신의 저주로 흉측한 모습으로 변했다. 이와 관련해서는 그녀가 아테나 여신과 아름다움을 겨루다 벌을 받았다는 이야기도 있고, 바다의 신인 포세이돈과 아테나 여신의 신전에서 사랑을 나누다 여신의 분노를 샀다는 이야기도 있다. 특히 메두사의 머릿결은 길고 아름다웠는데, 아테나 여신이 이를 질투하여 머리카락을 모두 뱀으로 만들어버렸다고 한다. 고르곤과 눈을 마주치면 누구나 돌로 변했으며, 메두사를 제외한 스텐노와 에우리알레는 불사의 존재였다. 페르세우스는 세리포스의 군주인 폴리덱테스의 명령으로 고르곤의 머리를 가져오는 모험을 떠난다. 그는 고르곤을 죽일 방법을 알고 있다는 그라이아이 세 자매를 찾아가 비밀을 알아냈다. 그는 고르곤 세 자매가 잠들어 있는 동굴로 가서 유일하게 불사의 존재가 아닌 메두사의 머리 위로 날아올랐다. 그리고 눈이 마주치는 것을 피하기 위해 방패로 메두사의 모습을 비추어 그녀의 목을 잘랐다. 그는 키비시스(배낭)에 메두사의 머리를 담고 그녀의 언니들에게서 도망쳤다. 메두사는 포세이돈의 아이를 배고 있어 그녀의 잘린 목에서는 날개가 달린 천마 페가수스와 황금 칼을 지닌 거인 크리사오르가 태어났다고 한다.

나르키소스 pp. 48-50

보이오티아의 강의 신 케피소스와 님페 리리오페 사이에서 태어난 아들이다. 용모가 아름다운 미소년으로 성장하여 많은 사람과 님페로부터 구애를 받았으나 아랑곳하지 않았다. 청년 아메이니아스는 사랑을 거절당하자 나르키소스가 준 칼로 자살했고, 숲과 샘의 님페인 에코도 그를 사랑했는데, 헤라로부터 귀로 들은 마지막 음절만 되풀이하고 말은 할 수 없는 형벌을 받아 마음을 전할 수 없었다. 결국 나르키소스로부터 무시당한 에코는 실의에 잠겨 여위어 가다가 형체는 사라지고 메아리만 남게 됐다. 나르키소스에게 사랑을 거절당한 이들 가운데 하나(에코라고도 함)가 나르키소스 역시 똑같은 사랑의 고통을 겪게 해달라고 빌자 복수의 여신 네메시스가 이를 들어 주어 나르키소스는 샘물에 비친 자신의 아름다운 모습을 사랑하게 되어 꼼짝도 못 하고 들여다보다가 마침내 죽었다. 그가 죽은 자리에 꽃이 피었는데, 그의 이름을 따서 나르키소스(수선화)라고 부르게 됐다.

나우시카 p. 39

오디세이아 일화에 등장하는 스케리아섬에 사는 파이아케스족 공주이다. 배가 난파하여 오디세우스가 스케리아섬으로 표류해 왔을 때 그를 정성껏 보살펴준다. "신들로부터 아름다움을 선사받은 나우시카"라고 불리듯이 눈부시게 아름다운 소녀로 전해진다. 오디세우스는 당당한 체구의 나우시카를 처음 본 순간 "위대한 제우스의 딸 아르테미스"라고 착각할 정도였다고 고백한다. 오디세우스에게 마음이 끌리지만 그가 가족이 있는 고향으로 돌아가는 것을 도와준다.

네메시스 p. 49

밤의 여신 닉스와 어둠의 신 에레보스(혹은 오케아노스) 사이에서, 혹은 닉스 혼자에게서 태어난 딸이다. 헤시오도스의 『신통기』에 따르면 모로스(숙명), 케레스(죽음, 파멸), 힙노스(잠), 타나토스(죽음), 모이라이(운명), 아파테(기만), 에리스(불화) 등 개념이 의인화된 여러 신이 그녀의 형제들이다. 제우스와의 사이에서 헬레네와 디오스쿠로이 형제를 낳았다. 네메시스는 복수의 여신으로 모든 '과도함', 즉 지나친 행동이나 오만(히브리스)을 벌한다. 그래서 그리스인들은 행복이 너무 과도할 때도 네메시스의 보복을 받을 수 있다고 여겨 조심했다. 다시 말해 선에서나 악에서나 분수를 넘어서는 모든 것은 신들의 보복을 받는다고 생각했다. 네메시스는 종종 수치심과 겸손이 의인화된 여신인 아이도스와 짝을 이루어 등장한다.

네소스 p. 102

상반신은 사람이고 하반신은 말의 모습을 한 켄타우로스족으로 익시온과 네펠레의 아들이다. 헤라클레스와 아내 데이아네이라가 물살이 거센 에우에노스강을 건너려 할 때, 도와주겠다고 나섰으나 데이아네이라를 등에 태우고 강을 건넌 뒤에 갑자기 겁탈하려고 했다. 강 건너편에 있던 헤라클레스가 히드라의 독이 묻은 화살을 쏘아 그의 가슴을 관통했다. 앙심을 품은 네소스는 죽어가면서 데이아네이라에게 남편의 애정이 식었을 때 자기 피를 남편 옷에 묻히면 사랑을 되찾을 수 있다고 속였다. 이 말을 믿은 데이아네이라는 훗날 남편의 사랑이 식었다는 생각이 들자, 네소스의 피를 셔츠에 묻혀 원정 간 헤라클레스에게 보냈다. 네소스가 죽을 때 히드라의 독이 묻은 화살을 맞았으므로 피는 히드라의 독으로 오염돼 옷을 입은 헤라클레스는 독이 묻은 셔츠가 살갗을 태우는 동안 고통스럽게 죽었다.
이 일화에서 비롯해 받은 사람에게 고통과 재난을 초래하는 선물이라는 의미로 '네소스의 셔츠'라는 표현이 생겼다.

넵투누스 p. 26

그리스 신화의 포세이돈과 같은 신으로, 영어명은 넵튠이다.

다나에 pp. 9, 112

아르고스의 왕 아크리시오스는 딸 다나에가 낳은 아들에게 죽임을 당한다는 신탁을 듣고, 처녀인 다나에를 아무도 접근할 수 없는 청동 탑에 가둔다. 하지만 황금비로 변신한 제우스는 탑 안에 스며들어 다나에와 관계하고, 임신한 다나에는 페르세우스를 낳는다. 아크리시우스 왕은 다나에와 페르세우스를 상자에 넣어 바다에 버린다. 포세이돈은 제우스의 부탁을 받고 다나에 모자가 들어 있는 상자를 보호해준 덕분에 모자는 세리포스섬에 도착하여 어부 딕티스의 도움을 받는다.

다이달로스 pp. 97-99, 117-118

아테네의 왕 에레크테우스의 아들 에우팔라모스과 알키페 사이에서 태어났다. 헤파이스토스의 직계 후손이다. 그는 다방면에 재능이 있는 예술가이자 건축가, 발명가로 알려졌으며 그가 만든 조각 작품은 너무나 사실적이어서 살아 있는 것으로 착각할 지경이었다고 한다. 플라톤이 『메논』에서 말하는 움직이는 조각 같은 전설적인 작품도 그가 만든 것이었다고 한다. 그는 조카 페르딕스를 제자로 받았으나 자기보다 더 뛰어난 소질을 드러내자 그를 시기하여 아크로폴리스 꼭대기에서 밀어 떨어뜨렸고 이 범죄 혐의로 재판을 받고 아테네에서 추방됐다. 크레타로 가서 미노스 왕의 주문으로 반인반우 미노타우로스를 가둘 미궁을 만들었으나 왕의 명령으로 성탑에 갇히는 신세가 된다. 아들 이카로스와 함께 탈출에 성공했으나 아들이 바다에 추락해 죽자 홀로 시칠리아로 날아가서 카미코스의 왕 코칼로스의 궁전에 몸을 기탁했다. 많은 전설적인 발명과 건축에 다이달로스의 이름이 붙었다.

데메테르 pp. 7, 45, 145, 148-150

올림포스 12신 중 하나이며 크로노스와 레아 사이에서 태어났다. 어머니 대지의 신으로 숭배되다가 대지에서 자라는 곡물을 주관하는 여신으로 자리 잡았다. 남동생 제우스와 사랑을 나누어 낳은 외동딸 페르세포네가 하계의 신 하데스에게 납치되자 상심하여 곡물이 자라게 하는 의무를 수행하지 않자 대지는 메말라 갈라지고 곡식도 초목도 자라지 못했으며 굶어죽는 사람들이 늘어났다. 결국 제우스의 중재로 페르세포네는 하계와 지상에서 나눠 살게 됐다. 페르세포네를 찾아 헤매던 중 잠시 노파로 변장하고 켈레오스 왕의 어린 아들 데모폰을 돌봐주면서 그를 불사의 몸으로 만들어주려다가 아이의 어머니 메타네이라의 방해로 실패한다. 본색을 드러낸 데메테르는 켈레오스 왕에게 신전을 짓고 자신을 섬기도록 하고 곡물 재배 기술을 전파하는 역할을 맡을 인물로 켈레오스의 또 다른 아들 트리프톨레모스를 선택했다. 데메테르에게는 플루토스라는 아들이 있었는데 그는 테바이의 건설자 카드모스와 하르모니아의 결혼식에 하객으로 참석했다가 이아시온이라는 아름다운 청년과 눈이 맞아 낳은 자식이었다.

데이아네이라 pp. 102-103

헤라클레스가 12과업 중 하나로 저승을 지키는 개 케르베로스를 데려오려고 하데스의 나라로 갔을 때 그곳에서 멜레아그로스를 만난다. 그는 자신의 죽음으로 슬픔에 잠겨 지내는 여동생 데이아네이라를 걱정하면서 헤라클레스에게 그녀와 결혼해 돌봐달라고 한다. 지상으로 돌아온 헤라클레스는 데이아네이라를 찾아 칼리돈으로 갔지만, 그곳에서 강의 신 아켈로오스를 만나 레슬링 경기에서 이긴 자가 아름다운 데이아네이라를 차지하기로 한다. 아켈로오스는 황소로 변신하며 달려들었으나 헤라클레스가 그의 뿔을 부러뜨려 승리를 거두고 데이아네이라의 남편이 됐다. 헤라클레스는 칼리돈에서 한동안 잘 지내다가 뜻하지 않게 오이네우스 왕의 측근을 죽이게 되면서 아내와 아들을 데리고 트라키스로 향한다. 에우에노스 강에 이르렀을 때 켄타우로스 네소스가 나타나 데이아네이라를 등에 태워 건네주겠다고 하고 강을 건너 데이아네이라를 겁탈하려고 한다. 헤라클레스는 건너편에서 히드라의 독이 발린 화살을 쏘아 네소스를 맞힌다. 네소스는 자기 피에 식어버린 사랑을 되살리는 힘이 있으니 남편이 변심했을 때 그것을 바른 옷을 남편에게 입히라는 말을 남기고 죽는다. 트라키스에 정착한 헤라클레스는 오이칼리아로 쳐들어가 이올레라는 아름다운 공주를 데려왔는데, 그녀는 전에 헤라클레스가 구혼했던 처녀였다. 활쏘기 시합에서 그가 승리했지만, 이올레의 아버지 에우리토스 왕은 헤라클레스가 미쳐서 전처인 메가라와 자식을 모두 죽인 것을 알고 딸을 주지 않았던 일이 있었다. 이올레를 데려온 남편의 사랑이 식었다고 생각한 데이아네이라는 네소스의 피를 남편의 옷에 발랐고 헤라클레스의 화살에 묻어 있던 히드라의 독이 퍼져 헤라클레스는 극심한 고통을 견디지 못하고 오이타산 위에 장작더미를 쌓고 누운 뒤 부하들에게 불을 붙이게 해서 불타 죽는다. 데이아네이라도 자신의 무슨 짓을 했는지 깨닫고 스스로 목숨을 끊었다.

디오니소스 pp. 11, 13, 51, 55-57, 75

포도와 포도주의 신, 다산과 풍요의 신, 기쁨과 광란과 황홀경의 신이다. 죽었다 다시 살아난 신으로 부활의 신이자 잔인함과 즐거움이 공존하는 도취와 쾌락의 신이다. 디오니소스의 어머니에 관해서는 여러 가지 설이 있다. 그의 어머니로 데메테르, 이오, 페르세포네, 레테, 그리고 인간 여성 세멜레가 언급된다. 이름은 '어머니가 둘인 자', '두 번 태어난 자'라는 뜻이다. 세멜레를 질투한 제우스의 아내 헤라가 음모를 꾸며 제우스가 세멜레를 죽이게 했지만, 태내에 있던 디오니소스는 살아나 제우스의 넓적다리 속에서 달이 찰 때까지 자란 끝에 태어났다. 이렇게 태어난 디오니소스는 니사의 님페 손에서 자란 후로 각지를 떠돌아다녔는데,

이것은 헤라가 그에게 광기(狂氣)를 불어넣었기 때문이라고 한다. 그는 이집트로 갔다가 시리아로 옮겼다가 아시아 전역을 떠돌아다니면서 포도재배를 각지에 보급, 문명을 전달했다고 전한다. 또한 그는 지옥에서 어머니 세멜레를 데리고 나와 천상(天上)에 있는 신들의 자리에 앉혔다. 디오니소스에 대한 신앙은 트라키아에서 그리스로 유입된 것으로 보이며 특히 이 술의 신에 대한 의식(儀式)은 열광적인 입신 상태에서 치러지고, 특히 여성들이 담쟁이덩굴을 감은 지팡이를 흔들며 난무하고, 야수를 때려죽이는 등 광란적인 특징을 보였다. 이 디오니소스 숭배 의식은 그리스에 전해지면서 연극이 발생했다는 점에서 매우 중요시되고 있다. 로마 시대에 와서도 이 신앙은 계속되어 점차 비교적(秘敎的) 경향이 강해졌다.

라이오스 pp. 88-91

테베를 건설한 카드모스의 증손자이며 라브다코스의 아들이다. 라브다코스는 라이오스가 한 살 때 죽었으므로 외가 쪽 리코스가 섭정이 되어 테베를 다스렸다. 라이오스가 성장해서 집권할 나이가 되자 암피온과 제토스가 리코스를 죽이고 왕권을 빼앗았기에 라이오스는 피사로 가서 펠롭스 왕에게 의탁했다. 몇 년 뒤 암피온과 제토스가 죽자 라이오스는 테베로 돌아오면서 펠롭스의 아들로서 용모가 빼어난 크리시포스를 유괴하여 데려왔는데, 그는 라이오스의 동성애 상대였다고 한다. 크리시포스는 스스로 목숨을 끊었다고도 하고, 그를 시기한 배다른 형제들에게 살해됐다고도 하고 아버지 펠롭스가 데려갔다고도 한다. 왕위에 오른 라이오스는 메노이케우스의 딸 이오카스테와 결혼했는데 몇 년이 지나도 아기가 생기지 않자 델포이 신전으로 가서 신의 뜻을 물었고, 아들이 아비를 죽이고 어미를 범할 것이라는 신탁을 받자 한동안 이오카스테와 잠자리를 하지 않았으나, 어느 날 술에 취하여 동침하고 말았다. 그렇게 아들이 태어나자 라이오스는 못으로 발꿈치에 구멍을 뚫은 뒤 키타이론산에 버리게 했다. 그러나 이 아기는 코린토스 왕 폴리보스의 마부에게 발견되어 왕의 양자가 됐다. 이 아기는 다리에 상처를 입어 통통 부어 있었으므로 '부어오른 다리'라는 뜻의 오이디푸스라는 이름을 갖게 됐다. 세월이 흐른 뒤 델포이로 가던 라이오스가 탄 마차는 도중에 오이디푸스와 마주쳐 시비가 붙었고, 라이오스가 친아버지라는 사실을 알지 못한 오이디푸스는 그를 살해했다.

라피타이족 p. 102

그리스 북부 테살리아의 펠리온산과 페네이오스강 유역에 살았다고 전해지는 부족이다. 라피타이인들은 반인반마의 켄타우로스족과 가까운 관계에 있었다. 이들은 모두 테살리아 강의 신 페네이오스와 님페 크레우사의 후손이었다. 페네이오스는 힙세우스, 안드레우스라는 두 아들과 스틸베라는 딸을 낳았다. 스틸베는 아폴론과의 사이에서 라피테스와 켄타우로스라는 두 아들을 낳았다. 그리고 이들이 각각 라피타이인과 켄타우로스족의 명조가 됐다고 한다.

라피타이인과 켄타우로스족은 모두 펠리온산을 중심으로 이웃해 살면서 자주 싸움을 벌였다. 라피타이인의 왕 페이리토오스는 자신의 결혼식에 친척인 켄타우로스족을 초청했으나 술에 취한 몇몇 켄타우로스가 신부인 히포다메이아와 시녀들에게 반해 난동을 부리는 바람에 격렬한 싸움이 벌어지고 말았다. '켄타우로마키'라 불리는 이 전쟁은 이후 많은 예술 작품의 소재가 됐다.

레다 p. 113

아이톨리아 왕 테스티오스와 에우리테미스 사이에서 태어난 딸로 톡세우스, 플렉시포스와 남매이고 알타이아, 히페름네스트라와 자매이다. 레다는 스파르타의 왕 틴다레오스와 결혼하여 디오스쿠로이 형제(폴리데우케스와 카스토르)와 헬레네, 클리타임네스트라, 티만드라, 필로노에, 포이베 등의 딸을 낳았다. 틴다레오스의 아내인 아름다운 레다에게 반한 제우스는 백조로 변신하여 유혹해서 사랑을 나누었다. 레다는 같은 날 밤 틴다레오스와도 잠자리를 가졌다. 얼마 뒤 레다는 두 개의 알과 두 명의 아기를 낳았는데 알에서는 헬레네와 폴리데우케스가 태어났고 아기로 태어난 두 명은 카스토르와 클리타임네스트라였다고 한다. 헬레네는 그리스 최고의 미녀로 성장해서 결국 그 미모 때문에 트로이전쟁이 일어났다.

레아 pp. 40, 44

우라노스와 가이아 사이에서 태어났다. 크로노스의 아내가 되어 헤스티아, 데메테르, 헤라, 하데스, 포세이돈, 제우스 등을 낳았으나, 크로노스가 자기 자식에게 왕좌를 빼앗길 것이라는 예언을 믿고 자식을 낳는 대로 삼켜버렸다. 결국 레아는 제우스를 낳았을 때 돌을 배내옷에 아기처럼 속에 싸서 크로노스가 삼키게 함으로써 제우스의 목숨을 구하고 크레타섬 산속에서 몰래 키웠다. 이렇게 하여 마침내 성인이 된 제우스는 크로노스가 그때까지 삼킨 자식들을 모두 토해내게 했다. 레아에 대한 숭배는 크레타섬에서 비롯된 것으로 생각되나, 그 후 소아시아의 그리스인들은 키벨레나 아그디스티스 등 아시아 대지의 모신(母神)과 같은 존재로 보게 됐고, 로마인들은 옵스와 같은 여신으로 간주했다.

레토 pp. 6, 8
티탄 12신(오케아노스, 코이오스, 크레이오스, 이아페토스, 히페리온, 크로노스, 테티스, 포이베, 테이아, 레아, 테미스, 므네모시네) 중 하나이며 남매 관계인 코이오스와 포이베 사이에서 태어났다. 친절하고 온화한 성품으로 사촌인 제우스와 관계해서 쌍둥이 남매 아르테미스와 아폴론을 임신했다. 그러나 제우스는 누나인 헤라를 아내로 맞이하고 질투심이 많은 헤라는 레토의 해산을 지속적으로 방해했다. 제우스의 명령을 받은 북풍의 신 보레아스가 레토를 포세이돈에게 데려가고, 포세이돈은 레토의 해산을 돕고자 바다에 둥둥 떠 있는 델로스섬에 데려가 결국 레토는 우여곡절 끝에 아르테미스와 아폴론을 차례로 낳았다. 한편 제우스와 엘라 사이에서 태어난 티티오스는 헤라의 의지에 따라 레토를 희롱하려고 했다가 레토의 쌍둥이 자녀 아르테미스와 아폴론에게 화살을 맞아 죽고, 제우스의 아들 탄탈로스의 딸이며, 제우스의 아들 암피온의 아내인 니오베도 레토에게 치욕적인 말로 모욕했다가 자식들이 차례로 아폴론과 아르테미스의 화살을 맞아 죽는 운명에 놓인다.

리리오페 p. 49
대양의 신 오케아노스와 그의 누이동생인 바다의 님페 테티스 사이에서 태어났다. 물의 요정으로 보이오티아의 강의 신 케피소스와의 사이에서 나르키소스를 낳았다.

메노이티오스 p. 121
대지의 여신 가이아와 하늘의 신 우라노스 사이에서 태어난 열두 명의 티탄 중 하나로 이아페토스가 대양의 신 오케아노스의 딸 클리메네 또는 아시아와 결혼하여 낳은 아들이며 프로메테우스·에피메테우스·아틀라스의 형제이다. 제우스가 아버지 크로노스를 제거하고 신들의 지배자가 되고 나서 크로노스를 지지하는 티탄 신족과 제우스가 이끄는 올림포스 신들 사이에 전쟁이 벌어졌다. '티타노마키아'라고 부르는 이 전쟁은 10년간 계속됐는데, 메노이티오스는 티탄 신족 편에서 싸우다가 제우스의 벼락을 맞고 명계의 나락 타르타로스에 갇혔다. 이름은 같으나 다른 인물인 메노이티오스가 있다. 그는 트로이 전쟁의 영웅 파트로클로스의 아버지로 악토르와 아이기나 사이에서 태어났다.

메데이아 pp. 23-24
이아손의 아르고 원정대가 황금 양털을 찾으러 콜키스에 왔을 때 아이에테스 왕의 딸 메데이아는 이아손에게 반해 그들이 황금 양털을 손에 넣도록 도왔다. 메데이아는 이아손과 함께 그리스로 달아나면서 뒤쫓아 오는 아버지에 대항해 이복동생 압시르토스를 죽여 시체를 잘라 던짐으로써 추격대가 시신을 수습하는 사이에 도망쳤다. 이에 신들이 분노하여 항해가 어렵게 되자 메데이아는 고모인 키르케를 찾아 키르케의 도움으로 신들의 노여움을 잠재워 순조롭게 항해할 수 있었다. 한편, 메데이아는 지옥의 여신이자 모든 주술과 마술을 총괄하는 여신 헤카테를 숭배하는 마법사이기도 했다. 메데이아는 황금 양털을 가져오면 이아손에게 왕위를 넘겨주겠다던 펠리아스가 약속을 지키지 않자, 마술로 그를 속여 솥에 들어가 죽게 했다. 이에 이올코스의 백성이 분노하자 메데이아와 이아손은 아이들을 데리고 코린토스로 피했고, 코린토스 왕 크레온의 배려로 편히 지낼 수 있었다. 그러나 그곳에서 이아손이 코린토스의 공주 글라우케와 결혼하자, 분노한 메데이아는 마법을 건 옷을 공주에게 보내 글라우케와 크레온을 죽음으로 몰아넣었고, 자기 아이들도 죽게 했다. 그 후 메데이아는 이아손을 떠나 테세우스의 아버지인 아테네의 왕 아이게우스와 결혼하지만 테세우스가 찾아오자 독주를 먹여 죽이려다가 실패하고 아들 메도스와 함께 아테네를 떠난다. 이후 고향 콜키스로 돌아갔는데 숙부 페르세스가 아버지 아이에테스를 몰아내고 콜키스를 장악한 상태였기에 그를 죽이고 왕위를 되찾았다. 메데이아가 사후에 죽은 자들이 머무르는 축복의 땅인 엘리시온에 들어가 영웅 아킬레우스와 맺어졌다고도 한다.

메두사 p. 113

괴물이자 마녀인 고르곤 세 자매 중 하나이다. 스테노, 에우뤼알레, 메두사 자매는 원래 아름다운 여인들이었으나, 유독 미모가 출중한 메두사가 포세이돈과 함께 여신 아테나의 신전에서 정을 통하다가 아테나 여신에게 들켜 저주를 받고 흉측한 괴물로 변했다. 저주받은 메두사의 모습은 무섭게 부풀어 오른 얼굴과 튀어나온 눈, 크게 벌어진 입, 길게 늘어뜨린 혓바닥, 멧돼지 어금니처럼 뾰족한 이빨, 손은 청동이며 목은 용의 비늘로 덮여 있고 각각의 머리카락이 꿈틀거리는 뱀의 형상을 하고 있었다. 그리고 메두사를 직접 본 사람은 돌로 변하는 마법이 걸려 있었다. 아테나 여신은 페르세우스에게 메두사를 처단하게 했다. 메두사의 얼굴을 직접 보면 돌로 변하므로 페르세우스는 청동 방패에 비친 메두사를 보고 목을 쳤다. 페르세우스의 손에 목이 잘릴 때 흘린 메두사의 피에서 포세이돈의 자식인 페가수스와 크리사오르가 태어났다. 메두사의 잘린 목은 여신 아테나의 방패에 장식으로 붙여졌으며 이후 여신에 대한 사람들의 두려움과 경외심은 더욱 커지게 됐다.

메티스 pp. 7-9, 45

오케아노스와 테티스 사이에서 태어난 딸로 티탄 신족에 속하는 여신이며, 지혜, 기술, 술수 등이 인격화된 여신이기도 하다. 티탄 신족의 왕 크로노스는 자신도 아버지 우라노스처럼 자식에 의해 폐위당할 것이라는 어머니 가이아의 예언을 듣고 아내 레아가 자식을 낳는 족족 집어삼켰다. 어머니 레아의 기지로 간신히 목숨을 구한 막내아들 제우스는 나중에 메티스의 도움으로 형제들을 구해내는 데 성공한다. 메티스가 제우스에게 약초를 구해 주고 약을 제조하는 방법을 가르쳐 주었는데, 그 약을 몰래 크로노스에게 먹이자 삼켜 버린 자식들을 모조리 다시 토했던 것이다. 메티스가 제우스의 끈질긴 구애로 그와 결혼할 때 크로노스의 어머니 가이아는 제우스에게 메티스가 딸을 낳으면 그 딸은 아버지와 대등한 능력을 지니게 되고 아들을 낳으면 아버지보다 더 강력하게 자라서 제우스가 그랬듯이 아버지를 몰아내고 왕좌를 차지하게 되리라고 예언한다. 제우스는 메티스가 임신하자 그녀를 통째로 삼켜버렸다. 이후 메티스가 임신한 아기는 제우스의 몸속에서 계속 자라났고, 제우스가 참을 수 없는 두통을 호소하자 대장장이 신 헤파이스토스가 도끼로 제우스의 이마를 찍어 머리를 열자 그 속에서 이미 장성한 아테나 여신이 무장을 한 채로 튀어나왔다.

미네르바 p. 127

그리스 신화에서 아테나에 해당하는 로마신화의 여신

미노스 pp. 35, 99, 117

제우스와 에우로페 사이에서 태어났다. 태양신 헬리오스의 딸 파시파에와 결혼해서 글라우코스, 데우칼리온, 안드로게오스, 파이드라, 아리아드네를 낳았다. 에우로페는 나중에 크레타의 왕 아스테리오스와 결혼해서 미노스는 아스테리오스의 슬하에서 의붓아들로 자랐다. 아스테리오스 왕이 죽자 다른 형제들과 왕위 계승 문제를 놓고 다툼을 벌이면서 미노스는 신들이 자신에게 왕국을 맡겼다고 주장하고, 그 증거로 자신이 기도를 올리면 바다의 신 포세이돈이 제물로 바칠 황소를 보내준다고 공언했다. 미노스의 기도를 들은 포세이돈은 실제로 흰 황소를 보냈고, 이 덕분에 미노스는 크레타의 왕이 됐다. 그러나 그는 너무나 아름다운 이 황소가 탐이 나서 약속대로 포세이돈에게 바치지 않고 다른 황소를 제물로 바쳤다. 포세이돈은 크게 분노하여 왕비 파시파에가 황소와 관계해서 반인반수 미노타우로스를 낳게 했다. 미노스 왕은 숱한 애정 행각으로도 유명했으며, 일설에 의하면 남색의 풍습도 그에게서 유래했다고 한다. 특히 그는 님페 브리토마르티스를 사랑해

쫓아다녔는데, 브리토마르티스는 제우스의 딸이었으므로 미노스에게는 이복동생이 된다. 크레타섬에서 9달 동안이나 미노스의 구애를 피해 도망 다니던 브리토마르티스는 절벽에서 바다로 몸을 던졌다. 그런데 다행히 어부의 그물에 걸려 목숨을 구했고, 그녀의 정절을 높이 산 아르테미스 여신에 의해 불사의 여신이 됐다. 기원전 3,000년경 크레타섬을 중심으로 에게해 일대에는 고도로 발달한 청동기 문명이 있었다. 특히 크레타는 전설적인 왕 미노스의 치세 때 강력한 왕권을 바탕으로 번영을 누렸으며, 그 세력은 에게해 전역에 뻗쳤다. 오늘날 크레타 문명을 미노아 문명이라고 부르는 것도 바로 미노스 왕 때 크레타 문명이 전성기를 이루었기 때문이다.

미노타우로스 pp. 35, 52, 98-99, 103

미노스는 포세이돈의 도움으로 왕위에 올랐으나 신을 속이는 불경한 짓을 저질러 저주를 받았다. 포세이돈이 미노스의 아내 파시파에에게 반인반우의 괴물 미노타우로스를 낳게 하자 미노스는 고민에 빠진다. 미노타우로스는 부정한 관계의 결과이자 흉측한 괴물이지만 아내는 엄연한 왕비이고 게다가 태양신 헬리오스의 딸이니, 미노타우로스를 마음대로 처단할 수도 없다. 미노스는 "신탁에 따라" 미노타우로스를 미궁에 가두고 감시하게 하고, 아테네에서 7명의 처녀와 7명의 총각을 제물로 바치게 한다. 세 번째 공물을 바칠 때 아테네의 왕자 테세우스는 미노타우로스를 처단하기 위해 스스로 희생 제물이 되기를 자원하여 크레타로 간다. 크레타의 공주 아리아드네는 테세우스를 사랑하게 되어 그에게 실뭉치를 주면서 미궁에서 빠져나갈 방법을 가르쳐준다. 그렇게 테세우스는 미노타우로스를 처치하고 무난히 미궁에서 빠져나왔다.

바쿠스 pp. 55, 145

그리스 신화의 디오니소스에 해당하는 로마 신화의 인물.

불카누스 p. 140

그리스 신화의 헤파이스토스에 해당하는 로마 신화의 인물.

세이레네스 pp. 37, 39, 72, 75

강의 신 아켈로오스가 무사이 중 하나인 테르프시코레(혹은 멜포메네, 혹은 칼리오페)와 사이에서 낳은 딸들이라고도 하고, 아켈로오스가 헤라클레스에게 상처를 입었을 때 흘린 피에서 태어났다고도 한다. 해신 포르키스가 아버지라는 설도 있다. 세이레네스가 반인반조의 모습을 하게 된 연유에 관해서는 여러 가지 설명이 있다. 세이레네스 자매는 원래 평범한 소녀로 페르세포네의 친구들이었다고 한다. 그런데 페르세포네가 하데스에게 납치되어 사라지자 친구를 찾아 온 세상을 두루 돌아다닐 수 있게 날개를 달라고 신들에게 간청했고 소원이 이루어졌다는 것이다. 또 다른 설명은 페르세포네가 납치될 때 세이레네스 자매가 곁에서 전혀 도와주지 않았으므로 분노한 데메테르 여신이 그들을 반인반조의 추한 괴물로 만들어버렸다는 것이다. 또 그들이 추한 모습으로 바뀌게 된 이유가 사랑의 기쁨을 얕잡아보다가 아프로디테 여신에게 벌을 받아서 그렇게 됐다는 설명도 있다. 세이레네스는 외딴 섬에 살면서 아름다운 노래로 근처를 지나는 뱃사람들을 유혹해 암초에 부딪쳐 죽게 해서 잡아먹었다고 한다. 그러나 아르고호 원정대는 음악의 명인 오르페우스가 리라를 연주하며 노래를 불러 세이레네스가 부르는 노래의 위력을 약화시킨 덕에 무사히 세이레네스의 섬을 지날 수 있었다. 오디세우스는 트로이 전쟁을 끝내고 고향 이타카로 돌아가는 길에 세이레네스 섬을 지날 때 부하들에게 밀랍으로 귀를 막고 노를 저을 것게 했다. 하지만 자기 자신은 그녀들의 노래를 들어보기 위해 돛대에 몸을 묶고 귀를 막지 않은 채로 세이레네스의 섬에 접근했다. 세이레네스는 오디세우스가 자신들의 노래에 유혹되지 않고 무사히 지나쳐 가자 치욕스러운 마음에 분을 이기지 못하고 바다로 뛰어들어 스스로 목숨을 끊었다고 한다.

세멜레 pp. 55, 64-65

테바이의 건설자 카드모스와 조화의 여신 하르모니아 사이에서 태어난 딸로 아가우에, 이노 등과 자매지간이고 남자 형제로는 폴리도로스와 일리리오스가 있다. 제우스와 사이에서 술의 신 디오니소스를 낳았다. 제우스는 인간의 모습으로 변신해서 아름다운 세멜레를 유혹했고, 세멜레는 제우스의 아이를 뱄다. 이 사실을 안 헤라는 질투심에 불타 세멜레의 옛 유모인 베로에로 변신해서 그녀에게 접근했다. 헤라는 세멜레에게 그녀의 애인이 말하듯 제우스가 아닐 수도 있으니 확인해야 한다며 의심을 부추겼다. 그러자 세멜레는 인간으로 변신하고 나타난 제우스에게 올림포스 주신(主神)의 본모습을 보여 달라고 졸랐다. 제우스는 그녀가 원하는 것이면 뭐든지 들어주겠다고 스틱스강에 대고 맹세했기에 세멜레의 요구를 거절할 수 없었다. 결국 그는 번개와 벼락에 휩싸인 본모습을 드러냈고 세멜레는 그 자리에서 타 죽고 말았다. 하지만 세멜레는 디오니소스를 임신한 상태였으므로 제우스는 황급히 디오니소스를 그녀의 몸에서 꺼내 자기 넓적다리에 넣고 꿰매버렸다. 디오니소스는 그렇게 아버지의 넓적다리 안에서 산달을 모두 채우고 신으로 태어난다. 어른이 된 디오니소스는 저승으로 가서 어머니를 데려와 제우스에게 부탁하여 그녀에게도 신성을 부여하게 했다. 올림포스에 올라 신의 반열에 든 세멜레는 티오네라고 불렸다.

스핑크스 p. 91
이집트가 기원으로 사람 머리와 사자 몸으로 이루어진 괴물이다. 이집트와 아시리아 신전이나 왕궁, 분묘에서 그 조각상을 볼 수 있고, 특히 이집트 기제에 있는 제4왕조 카프레 왕의 피라미드 앞에 서 있는 스핑크스가 가장 크고 오래된 것으로 알려졌다. 그리스 신화에서는 에키드나와 오로토로스의 아들, 혹은 라이오스의 딸이라는 등 여러 가지 설이 있다. 그중에서도 테베의 바위산 부근에 살면서 지나가는 사람에게 "아침에는 네 다리로, 낮에는 두 다리로, 밤에는 세 다리로 걷는 짐승이 무엇이냐"라는 수수께끼를 내어 답을 맞히지 못한 사람을 잡아먹었다는 전설은 유명하다. 그러나 오이디푸스가 "그것은 사람이다"라고 대답하자, 스핑크스는 물속에 몸을 던져 죽었다고 한다.

시링크스 p. 12
티탄 12신 중 하나인 오케아노스의 자식이며 라돈강의 신 라돈의 딸이다. 아르카디아의 산에 살면서 순결을 상징하는 처녀 신 아르테미스를 본받았다고 한다. 어느 날 목신 판이 쫓아오자 정절을 지키고자 라돈강까지 달아났는데, 강물에 막혀 더는 도망치지 못하고 판에게 잡히려는 순간, 강의 님페들에게 자신의 모습을 바꿔달라고 간청하여 갈대로 변했다. 시링크스를 놓치고 아쉬워하던 판은 갈대가 바람과 어울려 내는 소리에 반하여, 몇 개의 갈대 줄기를 밀랍으로 이어 붙여 피리를 만들었다. 이것이 판파이프의 유래가 됐으며, 지금도 판파이프를 시링크스라고도 부른다.

시시포스 pp. 15-17
아이올로스와 에나레테 사이에서 태어났다. 에피레(훗날의 코린토스)의 창건자이며, 사대제전경기회의 하나인 이스토미아 경기회의 창시자로 알려져 있다. 플레이아데스의 하나인 메로페와 결혼하여 글라우코스 등을 낳았다. 그리스 신화에서 가장 교활한 인물로, 헤르메스에게 도둑 기술을 물려받은 아우톨리코스조차도 그를 속이지 못했다. 도둑질한 물건의 형태나 색깔을 바꾸는 능력을 갖춘 아우톨리코스는 시시포스의 소를 훔친 뒤에 모양과 색깔을 바꾸었지만, 시시포스가 미리 소 발굽에 찍어놓은 표시 때문에 들통 났다. 어느 날 제우스가 아이기나를 유괴하는 장면을 목격하고 시시포스가 아이기나의 아버지 아소포스에게 알려 주자 제우스는 분노해서 시시포스에게 죽음의 신을 보냈다. 그러나 시시포스는 죽음의 신을 속이고 가두어 군신(軍神) 아레스가 구출하러 올 때까지 아무도 죽은 사람이 없었다. 죽음의 신이 풀려나자 시시포스는 저승으로 가야 했는데, 그는 이를 예측하고 아내 메로페에게 자신이 죽은 뒤에 장례식도 치르지 말고 시신을 묻지도 말라고 당부했다. 저승의 신 하데스는 시시포스가 죽었는데도 메로페가 장례를 치르지 않자 시시포스 스스로 장례를 치르도록 지상으로 돌려보냈다. 다시 지상의 세계로 돌아온 시시포스는 장수를 누렸다. 죽은 뒤에 신들을 기만한 죄로 커다란 바위를 산꼭대기로 밀어 올리는 벌을 받았는데, 그 바위는 정상 근처에 다다르면 다시 아래로 굴러 떨어져 형벌이 영원히 되풀이된다고 한다.

실레노스 p. 56

사티로스는 산과 들에 사는 요정으로 상반신은 인간이고 하반신은 말이나 염소의 다리와 꼬리가 달렸으며 머리에 뿔이 난 반인반수다. 이들은 디오니소스 의식과 향연에 춤추고 노래하는 여자들, 즉 마이나데스와 함께 디오니소스 제례에 참여하곤 했다. 실레노스는 늙은 사티로스들을 통칭하나 디오니소스 신화와 밀접한 관계가 있는 인물을 지칭하게 됐다. 그는 디오니소스의 양육자이자 스승으로 나온다. 제우스의 사랑을 받아 임신하게 된 세멜레가 질투심에 불타는 헤라의 꼬임에 넘어가 벼락을 맞고 불에 타 죽는다. 이때 아기의 아버지 제우스는 세멜레의 배 속에 있는 아기를 꺼내 자기 허벅지에 넣고 꿰맸고, 달을 채우고 나온 아이가 바로 디오니소스다. 제우스는 헤라의 눈을 피해 디오니소스를 그리스에서 멀리 떨어진 니사로 보내 니사의 님페들에게 양육을 맡긴다. 이때 실레노스는 디오니소스를 양육하면서 스승 역할을 한다. 나중에 미다스 왕은 실레노스가 디오니소스와 가까운 사이라는 것을 알고, 열흘 밤낮 잔치를 벌여 실레노스를 환대하고는 디오니소스에게 돌려보낸 적이 있는데, 여기서 유명한 미다스 왕의 황금 이야기가 나온다. 디오니소스는 미다스 왕에게 소원을 하나 들어주겠다고 했고, 미다스 왕은 자신의 몸에 닿는 것은 모두 황금이 되게 해달라고 한다. 그러나 이 소원은 미다스 왕에게는 재앙이고 저주인 것을! 몸에 닿자마자 모든 것이 금으로 변하면서 빵 한 조각도 먹을 수 없고 물 한 모금도 마실 수 없게 되자 왕은 곧 이 저주로부터 벗어나게 해달라고 기도하고, 디오니소스는 미다스를 원래의 상태로 되돌려준다.

아레스 pp. 60, 127-128

올림포스 12신 중 하나로 전쟁과 파괴를 주관하는 신이다. 피와 살상을 즐기고 잔인하고 야만적이다. 제우스와 헤라 사이에서 난 아들로 수많은 여성에게서 수많은 자식을 낳았다. 특히 아프로디테와의 사이에서 에로스, 하르모니아, 포보스, 데이모스, 안테로스 등을 낳았다. 아레스는 대장장이 신 헤파이스토스의 아내 아프로디테와 몰래 바람을 피우다가 신들의 웃음거리가 되기도 했다. 아레스는 원래 호전적인 민족들이 많이 살고 날랜 말과 혹독한 날씨로 유명한 그리스 북부 트라키아 지방 전쟁의 신이었다가 나중에 올림포스 세대의 신들에 편입된 것으로 보인다. 아레스의 후손으로 알려진 아마조네스도 트라키아 출신이다. 아레스는 전쟁터에 나갈 때 두려움과 공포의 신인 데이모스와 포보스, 불화의 여신 에리스, 싸움의 여신 에니오 등 네 명의 신을 거느리고 다녔다. 아레스는 전쟁의 신으로서 흔히 아테나와 비교됐는데 아테나가 지략과 전술로 무장하고 오히려 무차별적 파괴로부터 인명과 도시를 보호하는 신이라면, 아레스는 목적도 명분도 없는 파괴적이고 야만적인 전쟁을 즐겼다. 아레스와 아테나는 트로이 전쟁에서 맞붙어 싸우기도 했다. 두 진영의 싸움이 격해지자 아레스가 아테나의 가슴을 향해 창을 던졌으나 창은 아테나 여신을 피해갔고 아레스는 오히려 아테나가 던진 돌에 맞았다.

아르고호 pp. 20, 22-23
테살리아의 왕 페리아스는 조카인 이아손에게 왕위를 빼앗길까 봐 그를 멀리 보내 죽게 하려고 콜키스에 가서 용이 지키는 황금 양털을 가져오라고 명령한다. 이아손은 여신 아테나의 도움으로 50개의 노가 달린 최초의 대형 목선 아르고호를 제작했고, 여신 헤라의 도움으로 많은 영웅을 모았다. 그들은 아르고호의 선원(아르고나우타이)으로 이아손을 비롯해 헤라클레스, 오르페우스, 테세우스, 카스토르, 폴리데우케스 등 50명이었다. 항해 도중에 위험한 바위 심프레가데스에 부딪혀 선미가 부서지면서도 가까스로 콜키스에 도착했다. 콜키스의 왕은 이아손에게 황금 양털을 구해주는 조건으로 청동 다리에 불을 뿜는 소에 멍에를 씌워 땅을 간 다음 카드모스의 용 이빨을 씨로 뿌리라는 난제를 주었다. 그런데 마법사인 왕의 딸 메데이아가 이아손을 사랑하여 자기와 결혼하겠다는 이아손의 약속을 받고 그를 도왔다. 씨로 뿌린 용의 이빨에서 무기를 가진 병사들이 나와 습격하려고 했을 때, 메디아는 돌을 던져 그들끼리 싸우게 하고 그사이에 퇴치했다. 그러나 왕이 약속과 달리 황금 양털을 주지 않았기에 메디아는 마약의 힘으로 파수꾼 용을 잠재우고 황금 양털을 훔쳐 이아손과 함께 밤에 배로 떠났다. 아르고호의 이야기를 서사시로 읊은 것이 아폴로니오스 로디오스가 쓴 『아르고나우티카』로 이 신화 자체는 그리스 신화 가운데서도 가장 오래된 것에 속하며, 실제로 있었던 어떤 원정이 바탕이 됐으리라 추측한다.

아르테미스 pp. 6, 64, 103, 135

제우스와 레토 사이에서 태어난 아르테미스는 평생 남자들을 멀리한 채 그녀를 따르는 님페들과 함께 외딴 숲에서 지냈다. 님페들 역시 영원한 순결을 맹세해야 했으며 이를 어기면 가혹한 처벌을 받았다. 님페 칼리스토가 제우스에게 유혹당해 아들 아르카스를 낳자, 화가 난 아르테미스는 질투심에 불타는 헤라의 저주로 암곰으로 변신한 그녀를 활로 쏘아 죽였다. 반대로 순결을 지킨 히폴리토스를 총애했다. 그러나 미와 사랑의 여신 아프로디테가 히폴리토스의 순결 맹세를 자신에 대한 모독으로 여겨 그를 죽음에 이르게 하자, 아르테미스는 아프로디테가 총애하는 미소년 아도니스를 멧돼지의 어금니에 찔려 죽게 해서 복수했다. 그녀에게 봉헌된 성스러운 동물인 사슴을 함부로 사냥하는 사람도 여신의 분노를 샀다. 아가멤논은 트로이 출정을 앞두고 아르테미스의 신성한 사슴을 사냥했다가 친딸 이피게네이아를 제물로 바치고 나서야 트로이 원정길에 오를 수 있었다. 그리스 신화 최고의 영웅 헤라클레스조차도 아르테미스 여신이 보호하는 케리네이아의 암사슴을 잡는 일에 두려움을 느꼈다. 오누이인 아폴론과 아르테미스는 각각 해와 달을 상징하는 신으로 자리 잡았다. 달의 여신으로서 아르테미스는 여자들의 생리와 출산에도 영향을 미쳤다. 아르테미스가 태어나자마자 어머니 레토의 출산을 도운 일은 유명하다. 아르테미스는 예민하고 화를 잘 내며 복수심이 강해서 그녀의 성질을 잘못 건드렸다가는 큰 화를 입었다. 테바이 왕 암피온과 사이에서 일곱 아들과 일곱 딸을 낳아 훌륭하게 키운 니오베는 이렇게 많은 아들딸을 거느린 자신이 아들 하나 딸 하나 밖에 없는 레토 여신보다 더 낫다고 뽐내다가 레토의 자식인 아폴론과 아르테미스의 손에 자식들을 아들딸 한 명씩만 남기고 모두 잃고 말았다.

아리아드네 pp. 32, 34-35, 99

크레타의 왕 미노스와 왕비 파시파에의 딸이다. 미노스는 그의 아들 안드로게오스가 아테네의 마라톤 들판에서 날뛰는 황소를 잡으려다 뿔에 찔려 죽은 사건의 책임을 물어 아테네를 굴복시키고, 9년에 한 번씩 아테네의 젊은이들을 크레타에 인신 공물로 보내게 했다. 그들은 크레타의 미궁에 있는 미노타우로스에게 먹이로 바쳐졌다. 아테네 왕 아이게우스의 아들 테세우스는 이 문제를 해결하고자 미궁에 들어가 미노타우로스를 죽이기로 한다. 미노스 왕의 딸 아리아드네는 크레타에 도착한 테세우스를 보자 곧바로 사랑에 빠져버렸다. 그녀는 테세우스에게 미궁에서 살아나올 수 있도록 도울 테니 그 대신 아테네로 돌아갈 때 자신을 아내로 맞아 데려가 달라고 했다. 그러면서 그에게 붉은색 실뭉치를 건네주고 실을 풀면서 들어갔다가 나중에 그 실을 따라 나오라고 말해주었다. 테세우스는 그 충고 덕분에 미노타우로스를 맨주먹으로 때려죽이고 미궁 밖으로 나올 수 있었다. 테세우스는 아리아드네 공주와 아테네의 젊은이들을 데리고 아테네를 향해 떠났다. 그러나 낙소스섬에 정박했을 때 테세우스는 잠든 아리아드네를 그대로 두고 떠나 버렸다. 홀로 남겨진 아리아드네는 낙소스섬에 머물던 디오니소스가 아내로 맞아 올림포스로 데려갔다. 그곳에서 디오니소스는 헤파이스토스가 만든 황금관을 아 리아드네에게 결혼선물로 주었는데, 이 황금관은 나중에 하늘의 별자리가 됐다.

아마조네스 pp. 59-61

아마조네스는 여전사들로 이루어진 전설적인 부족으로 군신 아레스와 님페 하르 모니아의 후손이다. 이들은 사냥과 전쟁을 좋아하고, 활을 쏘거나 창을 던질 때 방 해가 된다고 한쪽 유방을 제거했는데 이 때문에 '아마조네스'라는 이름이 붙었다 고 한다. 아마조네스의 단수형인 '아마존'은 그리스어로 '젖이 없다'는 뜻이다. 하지만 '아마존'이 '아마자'에서 나온 말로서 '마자(보리)가 없다'는 뜻이라는 설 도 있다. 이 경우 아마조네스는 보리로 빵을 만들어먹지 않는 종족, 즉 수렵생활을 하는 종족이라는 뜻이 된다. 아마조네스는 전쟁의 신 아레스와 처녀 신이자 수렵 의 여신 아르테미스를 숭배했다 그들은 자식을 낳기 위해 이웃 부족 남자들을 이 용했으며, 이때 사내아이가 태어나면 죽이거나 노예로 삼았다. 이들의 거주지는 흑해 연안(흑해는 기원전 5세기까지도 '아마존의 바다'라고 불렸다), 카우카소스 산맥, 트라키아, 카리아(터키 남서부), 테미스킬라(소아시아 북부), 스키티아(러 시아 남부) 등지가 거론된다. 그리스 신화의 영웅담에는 이 사나운 여전사 부족과 싸운 이야기가 단골로 등장한다.

아소포스 p. 16

포세이돈이 페로 또는 켈루사와 관계하여 낳은 아들이라고도 하고, 제우스가 에 우리노메와의 사이에서 낳은 아들이라고도 한다. 강의 신 라돈의 딸 메토페와 결 혼하여 아이기나를 비롯하여 20여 명의 자식을 낳았다. 아이기나는 독수리로 변 신한 제우스에게 납치됐는데, 코린토스 왕 시시포스가 이를 목격했다. 시시포스 는 딸의 행방을 찾는 아소포스에게 정보를 알려 주는 대가로 아크로코린토스에 샘을 만들어 달라고 했다. 아소포스는 즉석에 페일레네 샘을 만들어 주고, 아이기 나가 오이노네섬으로 납치됐다는 정보를 얻었다. 아소포스는 오이노네섬으로 쫓 아갔으나 제우스에게 벼락을 맞고 쫓겨났다. 아소포스강의 하상에 검은 탄(炭)이 생긴 것은 이 때문이라고 전한다. 오이노네섬은 아이기나의 이름을 따서 아이기나섬으로 부르게 됐고, 아이기나는 제우스의 아들 아이아코스를 낳았다.

아이게우스 pp. 34-35

판디온 2세의 아들이다. 판디온 2세는 숙부인 메티온의 아들들에게 왕권을 빼앗기고 아테네에서 추방됐다. 그는 메가라의 왕 필라스에게 몸을 의탁했다가 결국 메가라의 왕위를 물려받는다. 판디온 2세는 장남 아이게우스, 팔라스, 니소스, 리쿠스, 4명의 아들을 낳았는데 그가 사망한 뒤에 니소스가 왕위를 물려받았다. 아이게우스는 장남이지만 왕위를 물려받지 못하자 동생들과 함께 아테네로 돌아가서 아버지의 왕위를 빼앗은 메티온의 아들들을 쫓아낸다. 그러나 왕권을 분할하기로 한 처음의 약속을 저버리고 아이게우스는 아테네의 왕이 됐다. 아이게우스는 두 번의 결혼에도 후사를 얻지 못하자 형제들에게 왕권을 위협받는 처지가 됐다. 그러던 중 트로이젠의 왕 피테우스는 아이게우스가 영웅을 낳으리라는 신탁의 내용을 간파하고 자신의 딸 아이트라와 동침하게 했고, 아이게우스는 아이트라와 이별하면서 바위 밑에 자기 샌들과 검을 숨겨두고는, 아이가 자라 그 바위를 들 수 있게 되면 그 물건들을 찾아 자기를 찾아오게 했다. 그렇게 태어난 아들이 바로 테세우스다. 테세우스는 미노타우로스를 죽이러 크레타로 떠나면서 자기가 살아서 돌아오면 배에 흰 돛을 달고, 죽었으면 검은 돛을 달겠다고 아이게우스에게 약속했지만, 그 약속을 잊고 검은 돛을 단 채로 돌아온다. 아이게우스는 아들이 죽었다고 생각하고 몸을 던져 자살했다.

아이아스 p. 31

그리스 신화에 등장하는 인물 중에서 이름이 '아이아스'인 영웅은 두 사람이다. 한 사람은 살라미스의 왕 텔라몬의 아들 아이아스로 '대(大) 아이아스'라고 부르고, 다른 사람은 로크리스의 왕 오일레우스의 아들로 '소(小) 아이아스'라고도 한다. 대 아이아스는 트로이 전쟁에서 아킬레우스 다음으로 그리스군의 방벽 같은 존재다. 그는 전리품으로 포획한 여인 테크메사와 애틋한 사랑을 나누기도 하며, 두 사람 사이에서 태어난 아들 에우리사케스는 나중에 할아버지 텔라몬의 뒤를 이어 살라미스의 왕이 된다. 아이아스는 헥토르를 상대로 온종일 싸우지만, 결국 승패를 가리지 못한다. 두 영웅은 서로 상대에 대한 깊은 존경심을 품은 채 각자의 진영으로 돌아간다. 아킬레우스가 파리스의 화살에 맞아 죽었을 때는 시신을 탈취하려고 사납게 달려드는 트로이군을 오디세우스와 함께 물리치며 아킬레우스의 시신을 그리스군 진영으로 운반한다. 아킬레우스의 장례식 때 시신을 지켜낸 공로가 가장 큰 사람에게 망자의 유물을 요구할 권리를 주는 관례에 따라 아킬레우스의 갑옷을 놓고 오디세우스와 말다툼이 벌어진다. 결국 아킬레우스의 갑옷은 언변과 지략에 능한 오디세우스의 차지가 되고 아이아스는 당장에는 아무 말도 하지 않았지만, 분을 삭이지 못해 한밤중에 그리스군 장수들을 모두 죽이려고 한다. 하지만, 이를 눈치챈 아테네 여신이 광기를 불어넣는 바람에 아이아스는 양떼를 오디세우스나 아가멤논 등으로 착각하고 도륙한다. 아침에 깨어나 제정신이 든 아이아스는 자신의 행동을 부끄럽게 여겨 헥토르에게서 받은 칼로 자결한다. 아이아스의 피가 땅에 스며들자 그 자리에서 아이리스 꽃이 피어났다고 전한다.

아이에테스 pp. 22-23

태양의 신 헬리오스가 오케아노스의 딸인 페르세이스와 관계하여 낳은 아들로 키르케, 파시파에, 페르세스, 알로에우스 등과 형제지간이다. 아이에테스는 오케아노스의 딸인 이디아와의 사이에서 칼키오페와 메데이아를 낳았고, 역시 오케아노스의 딸인 아스테로데이아와의 사이에서 압시르토스를 낳았다. 헬리오스는 자신이 통치하는 나라를 쪼개어 아소피아는 아이에테스의 형제 알로에우스에게 주고, 아이에테스에게는 에피라(코린토스)를 줬다. 나중에 아이에테스는 에피라를 헤르메스의 아들 보우노스에게 넘겨주고 자신은 코카서스의 서쪽에 있는 콜키스로 가서 파시스강 유역에 '아이아' 도시를 건설하고 그곳의 왕이 됐다. 아이에테스가 콜키스를 다스리고 있을 때 보이오티아의 왕 아타무스의 아들 프릭소스가 계모 이노의 박해를 피해 황금 털이 난 숫양을 타고 왔다. 아이에테스는 프릭소스를 환대하고 자기 딸 칼키오페와 결혼시켰다. 프릭소스는 숫양을 제우스에게 제물로 바친 뒤 그 가죽을 아이에테스에게 선사했고, 아이에테스는 신비한 황금 양털을 성스러운 아레스의 숲에 있는 떡갈나무에 걸어 놓고 절대 잠들지 않는 용이 지키게 했다. 얼마 뒤 이아손이 이끄는 아르고호 원정대가 황금 양털을 가져가려고 콜키스를 찾아왔다. 결국 이아손은 아이에테스의 딸 메데이아의 도움으로 황금 양털을 손에 넣고 콜키스를 탈출했다. 아이에테스는 황금 양털을 되찾으려고 추격했지만, 메데이아가 궁에서 납치해 온 동생을 죽여서 그 사지를 바다에 뿌리며 추격을 방해하는 바람에 놓치고 말았다. 그 뒤 아이에테스는 친형제이자 타우리스의 왕인 페르세스에게 왕위를 빼앗기고 쫓겨나는 신세가 됐다. 하지만, 그를 다시 왕위에 복귀시킨 것은 그를 배신하고 이아손과 함께 도망쳤던 딸 메데이아였다. 그녀는 이아손에게 버림받은 뒤 아테네 왕 아이게우스와 결혼하여 낳은 아들 메도스와 함께 콜키스로 돌아와 페르세스를 죽이고 아버지를 다시 왕위에 앉혔다. 아이에테스가 죽은 뒤에는 메도스가 콜키스의 왕위를 물려받았다.

아이올로스 pp. 16, 27

히포테스와 멜라니페의 아들로 슬하에 여섯 명의 아들과 여섯 명의 딸을 두었다. 새벽의 여신 에오스와 결합해서 바람 4형제 보레아스(북풍), 노토스(남풍), 에우로스(동풍), 제피로스(서풍)를 낳았다는 설도 있지만, 에오스와 사이에서 바람 4형제를 낳은 인물은 티탄 신족 아스트라이오스라는 설이 더 일반적이다. 그리스 신화에는 모두 세 명이 '아이올로스'라는 이름으로 등장한다. 그리스인의 시조 헬렌의 아들, 포세이돈의 아들, 히포테스의 아들로 구별되며 각각 친족 관계로 연결된다. 히포테스의 아들 아이올로스는 아이올리아섬을 다스리는 왕으로 인간이지만, 제우스의 총애를 받아 신의 반열에 올랐다. 트로이 전쟁을 끝마치고 귀향하던 오디세우스는 우연히 아이올리아섬에 도착했는데, 아이올로스는 오디세우스 일행을 환대하며 한 달간 편히 머물게 한 뒤 다시 떠날 때는 오디세우스의 배를 고향 이타카로 데려다줄 순풍을 제외한 다른 모든 바람을 가죽 부대에 넣어 주둥이를 마개로 막아서 주기까지 했다. 하지만 오디세우스가 잠든 사이에 부하들이 가죽 부대 안에 귀한 물건이 감추어져 있는 줄 알고 마개를 열자, 안에 들었던 거센 바람들이 모두 쏟아져 나오면서 배는 다시 아이올리아섬으로 밀려갔다. 아이올로스는 이들이 신의 분노를 사고 있다고 여겨 도움을 거절하고 섬에서 쫓아냈다. 오디세우스는 그 후 10년 동안이나 바다를 헤매며 갖은 고난을 겪은 뒤 혈혈단신으로 고향 이타카섬으로 돌아간다.

아이트라 p. 34

아테네의 왕 아이게우스는 자식이 없어 델포이로 가서 신탁에 자식 얻을 방도를 물었다. 그러자 "아테네로 갈 때까지 포도주 뚜껑을 열지 말라"는 수수께끼 같은 신탁이 내려왔다. 그는 아테네로 돌아가는 길에 트로이젠에 들러 유명한 예언자이기도 한 그곳의 왕 피테우스에게 신탁의 의미를 물었다. 피테우스는 신탁의 내용이 장차 아테네를 다스리게 될 아들을 얻게 되리라는 것임을 알아차리고 성대한 주연을 열어 아이게우스를 취하게 한 다음 그의 침실에 그의 딸 아이트라를 들여보내 밤을 보내게 했다. 아이게우스와 동침한 날 밤 아이트라의 꿈에 아테나 여신이 나타나 그녀를 펠롭스의 전차몰이꾼이었던 스파이로스의 제사가 열리는 인근 섬으로 데려갔다. 그곳에서 아이트라는 포세이돈에게 겁탈당했다. 이렇게 아이트라가 하룻밤에 두 남자의 씨를 받아 잉태한 아이가 바로 아테네의 영웅 테세우스다. 후일 아이게우스 뒤를 이어 아테네의 왕이 된 테세우스는 미녀 헬레네를 자신의 신붓감으로 점찍은 뒤 친구 페이리토오스와 함께 스파르타로 가서 그녀를 납치했다. 하지만 헬레네의 나이가 너무 어렸기에 테세우스는 그녀를 어머니 아이트라에게 맡긴 다음 페이리토오스가 신붓감으로 고른 페르세포네를 납치하러 저승으로 내려갔다. 하지만 테세우스가 없는 사이 헬레네의 오빠인 디오스쿠로이 형제(카스토르와 폴리데우케스)가 아테네로 쳐들어와 동생 헬레네를 구하고 아이트라를 포로로 끌고 갔다. 이후 아이트라는 헬레네의 노예가 되어 그녀가 트로이 왕자 파리스와 함께 트로이로 갈 때도 동행했다. 트로이가 함락된 뒤 아이트라는 구조되어 아테네로 돌아갔지만, 아들 테세우스의 죽음을 전해 듣고는 슬픔을 이기지 못해 스스로 목숨을 끊었다.

아킬레우스 pp. 31, 103, 106, 109, 135, 139, 142-144, 152

테살리아 지방 프티아의 왕인 펠레우스와 네레우스의 딸이자 바다의 여신인 테티스의 아들이다. 제우스는 아름다운 테티스와 결혼하고자 했으나 테티스의 아들이 아버지보다 더 위대한 존재가 될 것이라는 예언에 결혼을 포기했다. 테티스가 인간 펠레우스와 올린 결혼식은 트로이 전쟁의 불씨가 됐다. 결혼식에 초대받지 못한 불화의 여신 에리스가 불청객으로 찾아가 '가장 아름다운 여인에게 바친다'는 글귀가 새겨진 황금 사과를 연회석에 던졌고, 아테나, 헤라, 아프로디테가 서로 차지하겠다고 나서면서 갈등이 시작됐다. 제우스는 트로이의 왕자 파리스에게 심판을 맡겼고 그가 아프로디테를 지목하면서 트로이 전쟁의 불씨가 됐다. 바다의 여신 테티스는 인간 남편에게서 태어난 아들 아킬레우스를 신과 같은 불멸의 존재로 만들고자 밤에는 불 속에 집어넣고 낮에는 암브로시아를 발라준다. 어린 아들이 뜨거운 불 위에서 비명을 지르고 몸부림치는 모습을 목격한 펠레우스는 깜짝 놀라 아들을 테티스에게서 빼앗는다. 펠레우스는 아들을 켄타우로스 케이론에게 데려가고, 그는 아이에게 사자와 멧돼지의 내장과 곰의 골수를 먹이고, 아킬레우스라는 이름을 지어준다. 그것은 아이가 엄마의 젖가슴에 입술을 대본 적이 없기 때문이다. 아킬레우스의 이름은 '없다'는 뜻의 접두사 a와 입술을 뜻하는 cheile의 합성어다. 아킬레우스의 원래 이름은 리기론이었다. 아킬레우스의 치명적인 약점을 상징하는 "아킬레스 건"은 테티스가 아킬레우스를 불사신으로 만들고자 아이를 스틱스강에 담글 때 쥐고 있던 발뒤꿈치가 신비한 물에 젖지 않아 그의 치명적인 약점이 됐다는 이야기에서 비롯한다. 아킬레우스가 아홉 살이 됐을 때 그리스의 예언자 칼카스는 아킬레우스 없이 트로이를 함락시킬 수 없다고 예언한다. 그러자 테티스는 아킬레우스가 트로이 전쟁에 참전하면 살아 돌아올 수 없다는 것을 예감하고 아킬레우스를 여장시켜 리코메데스에게 보냈다. 아킬레오스는 그의 궁전에서 자라며 그의 딸 데이다메이아와 사랑을 나누고 그들 사이에서 아들 필로스(네오프톨레모스)가 태어난다. 그러나 결국 아킬레우스는 트로이 전쟁에 참여하게 되고, 그가 전리품으로 받은 여자 크리세이스를 요구하는 그리스군의 총사령관 아가멤논과 갈등을 겪는다. 결국 아킬레우스의 갑옷을 입고 전장에 나간 친구 파트로클로스가 헥토르에게 죽임을 당하자 결투에서 그를 죽인다. 아킬레우스의 죽음에 관해서는 여러 가지 설이 있지만, 헥토르의 동생이자 스파르타 왕 메넬라오스의 아내 헬레네를 납치해 트로이 전쟁의 원인이 되게 했던 파리스가 쏜 화살이 아킬레우스의 유일한 약점인 발뒤꿈치에 명중해 죽었다는 이야기가 전한다.

아탈란테 p. 23

아들을 간절히 원했던 아버지 이아오스는 아탈란테가 태어나자 딸을 산속에 버렸다. 하지만 아탈란테는 죽지 않고 암곰의 젖을 먹으며 살아남았고, 사냥꾼에게 발견되어 그의 집에서 자랐다. 어려서부터 사냥꾼 사이에서 자란 아탈란테는 아름다운 처녀로 성장한 뒤에도 결혼에는 관심이 없고 그녀의 수호신인 아르테미스 여신처럼 숲에서 사냥하기만을 좋아했다. 아탈란테는 이아손의 아르고 원정대를 결성할 때 여성으로는 유일하게 참여하고자 했으나 이아손은 여성이 원정대에 끼면 남자들 사이에 불화가 생긴다는 이유로 그녀를 받아주지 않았다. 아탈란테의 이름을 알린 사건은 칼리돈의 멧돼지 사냥이었다. 칼리돈의 왕 오이네우스가 신들에게 제물을 바쳤으나 자신만 빼놓은 것에 화가 난 아르테미스 여신은 거대한 멧돼지를 풀어 칼리돈을 황폐하게 만들었다. 오이네우스의 아들 멜레아그로스는 그리스 전역에서 영웅들을 불러 모아 멧돼지 사냥에 나섰다. 수많은 사상자가 발생한 이 사냥에서 아탈란테가 처음으로 멧돼지에게 화살을 명중시켰고 멜레아그로스가 멧돼지의 숨통을 끊었다. 아탈란테에게 마음을 빼앗긴 멜레아그로스가 멧돼지를 죽인 자에게 돌아가는 멧돼지 가죽을 아탈란테에게 양보하자, 사냥에 여자가 참여한 것을 못마땅하게 여긴 그의 외삼촌 플렉시포스와 톡세우스가 맹렬히 비난하며 아탈란테에게서 가죽을 빼앗았다. 분노를 참지 못한 멜레아그로스는 그들을 칼로 찔러 죽였고, 사냥꾼들 사이에서 큰 싸움이 벌어져 멜레아그로스 자신도 목숨을 잃었다. 결혼을 재촉하는 아버지의 성화에 견디다 못한 아탈란테는 자신과 달리기 경주를 해서 이긴 사람과 결혼하겠다고 공언했다. 하지만 경주에 진 자는 죽어야 한다는 조건이었다. 수많은 남자가 그녀의 미모에 반해 경주에 나섰다가 목숨을 잃었다. 아탈란테의 사촌 멜라니온(혹은 히포메네스)은 경주의 심판을 보다가 그녀에게 반하고 말았다. 그는 죽음의 경주에 나가기로 하고, 아프로디테 여신에게 승리를 간절히 빌었다. 아프로디테는 황금 사과 세 개를 내려줬다. 경주가 시작되자 멜라니온은 아탈란테가 앞지르려 할 때마다 황금 사과를 던졌고,

아탈란테는 신기한 황금 사과를 줍느라 시간을 지체하여 결국 지고 말았다. 결혼하여 부부가 된 두 사람은 어느 날 제우스의 신전에서 사랑을 나누다 신이 진노해서 사자로 변하고 말았다.

아테나 pp. 7, 9, 27, 123, 127-129, 152

올림포스 12신 중 하나이며 지혜, 전쟁, 기술, 직물, 요리, 도기 등을 관장하는 여신이다. 제우스와 그의 첫 번째 아내 메티스 사이에서 태어났다. 메티스는 제우스가 아버지 크로노스에게 대항해 그가 삼킨 자식들, 즉 자기 형제들을 토해내게 할 때 그를 도왔다. 메티스는 제우스의 끈질긴 구애를 결국 받아들였고, 둘의 결혼식 때 크로노스의 어머니 가이아는 메티스가 딸을 낳으면 그 딸은 능력이 아버지와 대등할 것이고, 아들을 낳으면 아버지보다 더 뛰어나서 제우스가 그랬듯이 아버지를 몰아내고 왕좌를 차지하게 되리라고 예언했다. 그래서 제우스는 메티스가 임신하자 그녀를 통째로 삼켜버렸다. 이후 메티스 태중의 아기는 제우스의 몸속에서 자랐고, 제우스가 참을 수 없는 두통을 호소하자 헤파이스토스가 도끼로 제우스의 이마를 찍어서 머리를 열었고, 거기서 이미 장성한 아테나 여신이 무장한 채 튀어나왔다. 아테나는 여러 가지 속성을 갖췄지만, 특히 지혜의 여신으로 손꼽힌다. 제우스의 머리에서 온전한 성인의 모습으로 튀어나왔다는 출생 신화도 지혜를 상징한다고 볼 수 있다. 아테네는 전쟁의 여신이지만, 같은 전쟁의 신인 아레스와는 전혀 다르다. 아레스가 전투의 난폭한 면을 대표하는 신이라면 아테나는 지적인 전술을 대표한다. 난폭한 아레스가 공격적이고 파괴적인 전쟁을 주도한다면 아테나는 지략과 이성으로 무장하고 무차별적 파괴로부터 도시와 문명을 보호하는 역할을 한다. 아테나는 여러 도시 국가의 수호신이 됐다. 하지만 아테나의 가장 위대한 성역은 아테네의 파르테논 신전이다. 아테나가 이 도시의 수호신 자리를 놓고 포세이돈과 겨룬 이야기는 유명하다. 두 신이 도시를 놓고 다투자 시민들은 누가 도시에 더 이로운 선물을 주는지의 여부로 수호신을 결정하기로 했다. 그러자 포세이돈은 삼지창으로 땅을 찔러 아크로폴리스 언덕에 바닷물이 솟아오르게 하였고, 아테나는 올리브나무가 자라게 했다. 아테네 시민은 올리브 열매가 소금물 샘보다 더 유용하다고 판단하여 아테나를 자신들의 수호신으로 결정했다. 아테나 여신이 주관하는 분야로는 전쟁과 지혜 외에 실용적인 기술도 꼽을 수 있다. 지혜를 통해 탄생한 새로운 기술이나 기예는 대부분 아테나의 손에 의해 생겨난 것으로 여겼다. 구체적으로 아테나는 직물과 도기, 요리의 여신으로도 추앙받았다.

아틀라스 pp. 119, 121-122

티탄 신족 이아페토스와 오케아노스의 딸 클리메네 사이에서 태어났다. 티탄 신족과 제우스 중심의 올림피아 신들 싸움에서 티탄 신족 편을 들었다는 이유로 제우스에게 벌을 받아 하늘을 떠받치게 됐다. 그 옆에는 신들의 정원이 있었는데 아틀라스의 딸들인 헤스페리데스와 백 개의 눈이 있는 용 라돈이 황금 사과를 지켰다. 헤라클레스는 황금 사과를 따오라는 과제를 받고 '미리 아는 자'를 의미하는 프로메테우스의 조언을 듣고 아틀라스를 찾아갔다. 프로메테우스는 자기 간을 쪼아 먹는 독수리를 처치해준 데 대한 감사의 표시로 헤라클레스에게 황금 사과를 얻는 방법을 알려줬던 것이다. 헤라클레스는 프로메테우스가 조언한 대로 아틀라스에게 딸들이 지키고 있는 황금 사과 3개를 따달라고 부탁하면서 그동안 자기가 지구를 대신 짊어지겠다고 했다. 아틀라스가 사과를 가져왔으나 지구를 짊어지는 노역을 다시 하고 싶지 않았던 헤라클레스는 꾀를 내어 머리가 아프니 잠시만 지구를 받쳐달라고 부탁했고, 힘은 세지만 머리가 아둔한 아틀라스는 사과를 내려놓고 헤라클레스에게서 지구를 넘겨받았다. 바로 그 순간 헤라클레스는 사과를 집어 들고 달아났다. 오비디우스의 『변신 이야기』에는 아틀라스가 산맥이 되는 장면이 상세히 묘사되어 있는데, 페르세우스가 메두사의 머리를 베어 돌아오는 도중에 아틀라스를 만난 장면이 나온다. 하지만 이 이야기는 헤라클레스 관련 신화와 시간상으로 맞지 않는다. 헤라클레스는 페르세우스의 증손자인데 페르세우스에 의해 거대한 돌로 변해버린 아틀라스가 헤라클레스와 대화를 나누다니, 여러 개의 아틀라스 신화가 시간 면에서 모순을 보이고 있는 부분이다.

아폴로
그리스 신화의 아폴론에 해당하는 로마 신화의 신.

아폴론 pp. 6, 9, 26, 75, 103, 140, 144

제우스와 레토 사이에서 사냥의 여신 아르테미스와 쌍둥이 남매로 태어났다. 아폴론은 여러 여성과 관계해서 의술의 신 아스클레피오스나 음악의 명인 오르페우스 등 많은 자식을 낳았다. 레토가 쌍둥이를 임신하자, 헤라는 질투심에 불타 이 세상에 해가 비치는 곳에서는 절대로 아이를 낳을 수 없다는 저주를 내렸다. 포세이돈은 바닷속에 가라앉아 있던 섬을 솟아오르게 해서 레토를 그곳에서 해산하게 했다. 이 섬은 바닷속에서 햇빛을 받지 않아 헤라의 저주가 미치지 않는 곳이었다. 아폴론이 태어나자 신성한 백조들이 섬으로 날아와 주위를 일곱 바퀴 돌았다. 그달 일곱 번째 날에 태어났기 때문이었다. 제우스는 아폴론에게 황금 관과 리라,

그리고 백조들이 끄는 마차를 선물하고 델포이로 가라고 했다. 델포이에 도착한 아폴론은 먼저 거대한 왕뱀 피톤을 활로 쏘아 죽였다. 피톤은 대지의 여신 가이아가 홀로 낳은 자식인데 파르나소스산 기슭에서 해를 끼치고 있었다. 피톤은 가이아의 신탁을 전하는 테미스의 신탁소도 차지하고 있었는데, 아폴론은 피톤을 죽이고 그 자리에 자신의 성소를 세운 뒤 지명을 '대지의 자궁'을 뜻하는 델포이로 바꾸었다. 델포이 신탁을 통해 아폴론은 대표적인 예언의 신이 됐다. 델포이의 아폴론 신전 입구에 적힌 '너 자신을 알라'는 문구는 철학자 소크라테스를 통해 더욱 유명해졌다. 아폴론은 의술을 관장하고, 영혼을 정화하는 신이었으며 시와 음악을 관장하는 신이기도 했다. 아폴론이 리라를 켜면서 무사이(뮤즈) 여신들과 노래 부르고 춤추는 모습은 회화에서 가장 흔히 표현되는 모습이기도 하다. 아폴론은 아홉 명의 무사이 여신들을 이끄는 지휘자이자 동시에 그들의 연인이기도 하다. 리라의 감미로운 선율로 저승의 왕 하데스와 왕비 페르세포네를 감동하게 한 음악의 명인 오르페우스는, 아폴론이 무사이 중 하나인 칼리오페와 낳은 아들이다. 또 대지의 여신 키벨레를 따라다니며 열광적인 군무(群舞)를 추는 코리반테스(쿠레테스)는 아폴론과 목가의 무사(무사이의 단수) 탈리아 사이에서 태어난 자식들이다. 아폴론은 젊고 아름다운 용모를 지닌 신으로 묘사된다. 그리스 신화에서 아폴론은 많은 애정행각을 벌이는데 그의 사랑은 대부분 불행하게 끝이 난다. 다프네는 아폴론의 손길을 피해 도망치다 월계수로 변했고, 코로니스는 아스클레피오스를 임신한 채 질투심에 불타는 아폴론의 화살을 맞고 죽어야 했다. 아스클레피오스는 헤르메스가 죽은 코로니스의 시체를 가르고 꺼내준 덕에 세상에 태어날 수 있었다. 또 트로이의 왕녀 카산드라는 아폴론의 구애를 거절하다가 그의 분노를 사는 바람에 아무도 믿어주지 않는 예언자가 되고 말았다.

아프로디테 pp. 6, 65, 84, 138

호메로스에 따르면 아프로디테는 제우스와 디오네가 낳은 딸이고, 헤시오도스에 따르면 우라노스의 딸이다. 크로노스의 낫에 잘린 우라노스의 성기가 바다에 떨어져 그의 정액과 바닷물이 섞이면서 생긴 거품에서 태어났다는 것이다. 아프로디테는 '거품에서 나온 여인'이라는 뜻이다. 우라노스의 정액에서 생긴 거품은 펠로폰네소스 남쪽 키테라섬에 닿았다가 다시 키프로스섬으로 밀려갔는데 아프로디테는 그곳에서 태어났다. 그래서 아프로디테는 키테레이아(키테라 여인) 혹은 키프리스(키프로스 여인)이라고도 불린다. 아프로디테는 또한 '아나디오메네'라는 별칭으로도 자주 불리는데 이는 '바다에서 올라온 여인'이라는 뜻이다. 아프로디테 여신이 바다 거품에서 태어났을 때 계절의 여신 호라이 자매와 우미의 여신

카리테스 자매가 그녀를 맞아주고 아름답게 치장해줬다고 한다. 헤파이스토스와 결혼했지만 둘 사이에는 자식이 없었고, 애인 아레스와 함께 에로스, 하르모니아, 포보스, 데이모스, 안테로스 등 여러 명의 자식을 낳았다. 그밖에도 아프로디테는 헤르메스와의 사이에서 남녀양성 헤르마프로디토스를 낳았고, 디오니소스와의 사이에서 생식기가 거대한 번식력의 신 프리아포스를 낳았고, 인간 안키세스와 사이에서 로마의 시조로 알려진 아이네이아스를 낳았다. 아프로디테는 미의 여신으로서 남성을 사로잡는 사랑의 욕망을 주관하는 여신으로 남성의 성적 욕망을 자극하는 아름다움을 발산한다. 이는 결혼생활을 주관하는 헤라의 정숙한 아름다움이나 처녀 신인 아테나와 아르테미스의 청초한 아름다움과 대비된다. 그리스 신화에서 가장 아름다운 여신 아프로디테는 가장 못생긴 절름발이 신 헤파이스토스의 아내가 됐다. 제우스가 아들 헤파이스토스를 하늘에서 떨어뜨려 절름발이로 만든 것이 미안하여 그 보상으로 아프로디테를 아내로 주었기 때문이다. 하지만 헤파이스토스의 아내로 만족하지 못하고 끊임없이 바람을 피웠다. 그녀의 대표적인 불륜 상대는 전쟁의 신 아레스였다. 두 연인은 밤낮으로 사랑을 나눴는데, 태양의 신 헬리오스가 이를 헤파이스토스에게 일러줘서 소동이 벌어졌지만, 둘의 관계는 그 뒤로도 계속 되어 열 명도 넘는 자식을 낳았다. 질투도 심해서 아레스는 아프로디테가 미소년 아도니스를 사랑하자 질투심에 불타 숲으로 사냥하러 나온 아도니스를 멧돼지로 변신하여 들이받아 죽였고, 아프로디테는 새벽의 여신 에오스가 아레스를 유혹하여 그의 사랑을 받자 에오스에게 저주를 내려서 에오스는 죽을 운명의 젊은 인간만을 사랑하게 됐다.

안티아네이라 p. 60
펜테실리아를 이은 아마조네스의 여왕. 아티카 전쟁에서 싸웠다. 테세우스와 일대일로 싸워 능력을 겨뤘다.

안티오페 p. 61
테바이의 왕 라브다코스의 섭정 닉테우스의 딸이다. 닉테우스는 어린 외손자 라브다코스를 대신해서 테바이를 섭정하고, 닉테우스가 죽은 후에는 그의 형제인 리코스가 통치권을 행사했다. 안티오페는 아름다운 미모로 제우스의 눈에 들었다. 제우스는 안티오페에게 접근해 관계를 맺고 안티오페는 임신한다. 아버지의 분노가 두려운 안티오페는 시키온으로 도망가 에포페우스 왕과 결혼했다. 닉테우스는 딸에 대한 수치심과 절망감 때문에 자살했다고 한다. 닉테우스는 죽어가면서 형제인 리코스에게 안티오페와 에포페우스를 응징해달라는 유언을 남겼다. 리코스는 닉테우스의 유언대로 시키온으로 쳐들어가 에포페우스를 죽이고, 안티오페는 포로가 돼 테바이로 끌려가는 도중에 키타이론 산에서 쌍둥이 아들 암피온과 제토스를 낳았다. 리코스는 이들을 산속에 버렸으나 양치기들이 발견하고 거둬 길렀다. 테바이로 끌려온 안티오페는 리코스와 그의 아내 디르케에게 감금당한 채 온갖 학대를 받는다. 그러던 어느 날 안티오페는 탈출해서 키타이론산으로 가서 두 아들을 되찾았다. 두 아들은 즉시 어머니를 학대한 두 사람에게 복수했다. 그들은 리코스를 죽이고 그의 아내 디르케를 황소에 매달아 죽인 뒤에 시신을 샘에 던져버렸다. 그리스 신화에는 아마조네스의 여왕 히폴리테의 동생 중에 안티오페가 있다. 그녀는 테세우스에게 납치되어 아테네로 끌려갔고, 그녀와 테세우스 사이에서 태어난 아들이 히폴리토스다. 다른 설에 의하면 히폴리토스는 히폴리테의 아들이라고 한다.

알크메네 pp. 8-9, 69

미케네 왕 엘렉트리온의 딸로 사촌인 암피트리온과 함께 아들 헤라클레스와 이피클레스, 딸 페리메데를 낳았다. 하지만 헤라클레스는 제우스와 사이에서 태어났다고 한다. 알크메네와 암피트리온은 제우스와 다나에 사이에서 태어난 페르세우스의 후손이다. 알크메네는 미모와 지혜가 뛰어난 여인이었다. 알크메네가 제우스와 관계한 뒤에 전쟁터에서 돌아온 암피트리온은 아무 것도 모른 채 아내와 함께 잤고, 알크메네는 쌍둥이 이피클레스와 헤라클레스를 임신했다. 알크메네가 헤라클레스를 낳으려 할 때 헤라는 출산의 여신 에일레이티아뿐 아니라 운명의 여신 모이라이 자매도 불러서 아예 출산을 막고 알크메네와 헤라클레스를 죽이려고 했다. 에일레이티아와 모이라이는 알크메네의 산실 문턱에서 두 팔로 무릎을 감싸고 양손을 깍지 낀 자세로 주술을 써서 9일(혹은 7일)간 밤낮으로 헤라클레스의 출산을 막았다. 이를 지켜보던 알크메네의 몸종 갈린티아스는 꾀를 내어 알크메네가 제우스의 도움으로 아기를 낳았다고 외치며 산실을 뛰쳐나왔다. 에일레이티아와 모이라이는 깜짝 놀라 화를 내며 벌떡 일어났고, 그 바람에 주술이 풀려 알크메네는 무사히 헤라클레스를 낳았다. 암피트리온은 이 광경을 보고 헤라클레스가 제우스의 아들이라는 사실을 알게 됐고 알크메네를 장작더미에 묶어놓고 태워 죽이려 했지만 제우스가 급히 소나기를 내려 불을 껐다. 후일 알크메네는 헤라클레스의 후손들과 함께 테바이에서 장수를 누리다 생을 마쳤다. 그러자 제우스는 헤르메스를 보내 알크메네를 복된 자들의 땅 엘리시온으로 데려가게 했다. 그곳에서 알크메네는 라다만티스와 결혼했다고 한다. 또 다른 설에 따르면 크레타에서 추방당한 라다만티스가 보이오티아로 갔을 때 그곳에서 암피트리온

과 사별하고 홀몸이 된 알크메네와 결혼하여 고르티스와 에리트로스를 낳았다고
도 한다.

암피트리테 pp. 6, 27

해신 네레우스와 오케아노스의 딸인 도리스 사이에서 태어난 바다의 님페다. 바
다의 아름다움을 상징하기도 하며, 포세이돈의 아내로서 제우스의 아내 헤라나
하데스의 아내 페르세포네와 같은 역할을 하는 바다의 여왕으로 간주된다. 돌고
래의 등에 타거나, 돌고래나 트리톤이 끄는 조개 위에 올라탄 모습으로 등장한다.
포세이돈은 낙소스섬에서 다른 자매들과 춤추는 암피트리테의 모습에 반해 청혼
했으나 암피트리테는 거절했다. 하지만 포세이돈이 계속해서 구애하자 암피트리
테는 지중해 가장 먼 곳에 있는 아틀라스에게로 도망쳐버렸다. 포세이돈은 바다
의 동물들을 동원하여 그녀를 찾게 했고, 마침내 돌고래가 그녀를 찾아냈다. 돌고
래는 암피트리테를 열심히 설득하여 포세이돈의 청혼을 받아들이게 한 뒤 그녀를
등에 태우고 포세이돈의 궁으로 돌아왔다. 포세이돈과 암피트리테 사이에서는 해
신 트리톤과 로데(혹은 로도스), 벤테시키메 등이 태어났다.

에로스 pp. 24, 70, 81, 83-84, 111

세상이 생길 때 카오스(혼돈)에 이어 가이아(대지), 카르타로스(심연)가 함께 태
어났다. 에로스는 여러 신 가운데 가장 아름다운 신이었다. 대지도, 대기도, 천공
도 없을 때, 밤의 여신 닉스가 가져온 세계의 알에서 태어난 만물의 창조자라고
도 한다. 이처럼 원초적인 위대한 힘이 있는 신이었지만, 독립적으로 숭배의 대상
이 된 적은 드물다. 또 다른 서사에서는 아프로디테의 아들이라고 하고, 이 여신의
동반자로 등장하기도 한다. 에로스는 기원전 570년경 예술에 처음으로 청년으로
묘사돼 있다가 기원전 5세기경부터는 날개가 달린 소년으로 등장한다. 헬레니즘
시대에는 사랑의 화살로 신이나 인간의 마음을 쏘아 사랑에 빠지게 하는 장난꾸
러기 소년으로 문학이나 미술의 주제가 됐다. 그리스 말기부터 로마시대에 이 날
개 달린 소년은 예술 작품에 자주 등장하며, 르네상스 미술에는 '푸티'라는 캐릭
터로 자주 등장한다. 에로스의 어머니는 출산의 여신 에일레이튀이, 무지개의 여
신 이리스 등이라고 하고, 아버지로는 서풍의 신 제피로스를 지목하기도 한다. 하
지만 그는 아프로디테와 군신 아레스 사이에서 태어난 아들로 알려졌다. 그리스
시대 말기에는 에로스에 대응하는 여성상으로 나비 날개가 달린 프시케가 등장했
다. 사랑과 혼의 갈등을 에로스와 프시케를 통해 우의적으로 나타낸 것은 그리스
말기, 특히 제정 로마기 미술과 문학 작품에서 흔히 볼 수 있다. 철학자 중에서 에

로스를 가장 먼저 언급한 사람은 플라톤인데, 『향연』에서 소크라테스와 논자들을 통해 옛날에 인간이 수족 4개, 얼굴 두 개인 구체(球體)였는데 절단되어 그 반신이 다른 반신을 찾아다닌다는 우화를 통해 에로스 찬미론을 제시했다. 후일 프로이트는 무의식 세계에서 지배적인 것은 쾌락 원칙에 충실한 성적 충동이고, 죽음의 본능, 즉 타나토스와 대립하는 에로스가 모든 생명체를 통일체로 정리해가는 충동이라면서 문화도 결국은 에로스에 봉사하는 과정으로 파악했다.

에우리노메 pp. 9, 139, 148

오케아노스와 테티스의 딸로, 제우스와의 사이에서 카리테스와 아소포스를 낳았다. 사신 오피온의 아내로, 올림포스 최초의 지배자였다. 그러나 오피온이 크로노스와의 힘겨루기에서 졌을 때 오피온과 에우리노메는 크로노스와 레아에게 왕권을 양보하고 바닷속으로 숨었다. 그 후 에우리노메는 헤라가 헤파이스토스를 바다에 내던졌을 때, 테티스와 함께 그를 숨겨줬다. 아르카디아의 피가리아에는 에우리노메의 성역이 있어, 일 년에 한 번 있는 제례 때만 닫히던 성역은 사람들에게 공개됐다. 성역에는 에우리노메의 신상이 있는데 상반신은 여성, 하반신은 물고기의 형상을 하고 있다. 같은 이름으로 페넬로페의 유모도 있다. 페넬로페가 오디세우스와 결혼했을 때, 페넬로페를 따라 이타카섬에 왔고, 오디세우스 부부의 시중을 충실히 들었다.

에우리디케 pp. 73, 76

스파르타의 창건자 라케다이몬과 스파르타 사이에서 태어났다. 아르고스의 왕 아크리시오스와 결혼해서 딸 다나에를 낳았다. 다나에는 황금 비로 변한 제우스와 관계하여 메두사를 무찌른 영웅 페르세우스를 낳는다. 에우리디케는 어느 날 트라키아의 초원을 산책하다가 아리스타이오스가 자신을 계속해서 따라오는 것을 알아채고는 그가 자신을 범하려 한다고 여겨 황급히 도망치다가 그만 뱀에 물려 죽었다. 아폴론과 무사이(뮤즈) 칼리오페 사이에서 태어난 전설적인 리라의 명수 오르페우스는 에우리디케의 갑작스러운 죽음에 하염없이 슬퍼하다가 아내에 대한 그리움을 이기지 못하고 그녀를 찾아 하계(저승)로 내려가기로 작정한다. 저승에 도착한 오르페우스는 애절한 노래로 그곳의 신들을 감동하게 해 마침내 사랑하는 아내 에우리디케를 다시 지상으로 데려가도 좋다는 허락을 받아냈다. 단, 이미 망자가 됐던 에우리디케는 오르페우스의 뒤에서 따라가야 하고, 오르페우스는 지상에 도달하기 전까지는 절대로 아내 에우리디케를 향해 몸을 돌려서는 안 된다고 저승의 지배자 하데스는 경고했다. 하지만 긴 여정이 거의 다 끝나고 지상의

한 줄기 빛이 비추기 시작하자 오르페우스는 사랑하는 아내를 보고 싶은 마음을 억누르지 못하고 뒤를 돌아봤다. 그러자 에우리디케는 안개의 정령으로 변하여 다시 하데스의 나라로 사라져버렸다.

에코 p. 49
에코는 헬리콘산에 사는 님페로 수다 떨기를 좋아해서 한번 말을 시작하면 멈출 줄 몰랐다. 어느 날 제우스가 헬리콘산으로 가자 헤라는 혹시 숲의 님페들과 바람을 피우지 않을까 의심해서 몰래 따라갔으나 에코가 다가와서 성가시게 말을 거는 바람에 그만 남편을 놓치고 말았다. 그 덕에 제우스는 숲의 님페들과 즐거운 시간을 보냈다. 에코의 수다 때문에 남편의 부정 현장을 놓친 헤라는 화가 나서 에코에게 남이 말하기 전에는 절대로 먼저 입을 열 수 없고, 말을 하더라도 남이 한 말의 끝부분만을 반복해야 하는 벌을 내렸다. 나르키소스는 매우 아름다운 청년으로 많은 소년과 소녀의 흠모를 받았으나 그는 무관심했다. 하루는 숲으로 사슴 사냥을 나갔던 나르키소스가 숲을 헤매게 됐는데, 그를 본 에코가 첫눈에 반해버렸다. 에코는 달콤한 사랑의 말을 건네고 싶었으나 헤라에게서 벌을 받았기에 그럴 수가 없었다. 에코는 나르키소스의 뒤를 따라다니며 나르키소스가 뭐라고 말하면, 그 말의 끝부분을 따라했다. 나르키소스는 에코의 기이한 행동을 보고 떠나버렸다. 에코는 너무나 부끄러워 깊은 동굴 속에서 숨어서 나날이 여위어가다가 결국 뼈만 남은 몸은 바위로 변하고 목소리만 남게 됐다.

오디세우스 pp. 38-39, 52, 72, 79-80, 107, 133, 141, 144, 152-153
이타카의 왕 라에르테스와 안티클레이아 사이에서 태어났다. 하지만 안티클레이아가 결혼 전에 시시포스와 관계해서 오디세우스를 임신하고 있었다는 설이 있다. 도둑질의 명수였던 아우톨리코스가 교활한 시시포스의 소떼를 훔쳤다가 덜미를 잡혀 하는 수 없이 딸 안티클레이아에게 시시포스의 잠자리 시중을 들게 했다는 것이다. 안티클레이아가 해산할 무렵 이타카에 들른 아우톨리코스는 자신이 사람들에게 많은 노여움을 느끼고 있으므로 외손자의 이름을 '노여워하는 자'라는 뜻의 오디세우스라고 지어줬다(일부 학자들은 오디세우스라는 이름을 '신들에게 미움 받는 자'라는 뜻으로 해석한다). 오디세우스는 원래 미녀 헬레네의 구혼자 중 한 명이었으나 가난한 이타카 출신인 자신에게 기회가 없음을 일찍이 간파하고 헬레네의 사촌인 이카리오스의 딸 페넬로페를 얻기 위해 헬레네의 아버지 틴다레오스에게 접근했다. 헬레네의 구혼자들로 골치를 썩이고 있던 틴다레오스는 오디세우스가 이 문제를 해결해주겠다고 하자 기뻐했고, 모든 구혼자들에게 누가 남편으로 선택받든 그 권리를 인정하고 부부를 지켜주겠다는 서약을 받아내기로 했다. 오디세우스의 묘책은 성공했고, 틴다레오스는 약속대로 오디세우스가 페넬로페와 결혼할 수 있게 도와줬다. 그러나 멜레네오스의 아내가 된 헬레네가 파리스에게 납치돼 트로이 전쟁이 일어났고 오디세우스는 그리스군 최고의 지략가, 달변가, 무장으로서 중요한 역할을 했다. 아가멤논과 아킬레우스를 화해시키는 역할을 했고, 트로이의 왕자이자 예언자인 헬레노스를 설득하여 그리스군이 이기기 위한 조건들을 알아냈고, 거지로 변장하여 트로이성에 들어가 적진의 동태를 살폈고, 목마를 만드는 아이디어를 내서 그리스군의 승리에 결정적으로 기여했다. 그러나 트로이 전쟁에서 승리하고 고향으로 돌아가는 귀향길은 순탄하지 않았다. 무엇보다도 오일레우스의 아들 아이아스가 아테나 여신의 신전에 피신했던 프리아모스 왕의 딸 카산드라를 강제로 욕을 보였던 것이다. 오디세우스 일행은 외눈박이 키클로페스족 폴리페모스의 손아귀에서 간신히 벗어나는가 하면, 마녀 키르케의 섬에서는 병사들이 마법의 약초를 넣은 음식을 먹어 돼지로 변하기도 했다. 세이레네스의 섬을 지날 때는 그들이 부르는 노래를 듣고 파멸하지 않도록 밀랍으로 귀를 막고 노를 저어 지나가기도 했다. 바다 괴물 스킬라와 카립디스가 양편에 도사린 좁은 해협을 통과하기도 했다. 포세이돈, 제우스, 헬리오스 등 신의 저주를 받아 곤경을 헤맸으며 오디세우스를 사랑한 칼립소에게 붙잡혀 그녀와 7년을 보내기도 했다. 알키노스 왕의 딸 나우시카 공주의 사랑마저도 뿌리치고 그는 아내 페넬로페에게 돌아가려고 했다. 한편 이타카에서는 오디세우스가 전쟁이 끝나고 여러 해가 흘렀는데도 돌아오지 않자, 귀족들이 오디세우스의 재산과 지위를 탐해서 페넬로페에게 결혼을 요구하는 구혼자들이 100여 명에 이르렀다. 구혼자들의 집요한 결혼 요구에 시달리던 페넬로페는 한 가지 꾀를 내었다. 연로하여 죽을 때가 멀지 않은 시아버지 라에르테스를 위해 수의를 짜는 중인데 그 일이 끝나면 구혼자들 중 한 사람을 남편으로 맞이하겠다는 것이었다. 하지만 페넬로페는 낮에 짠 천을 밤에 몰래 다시 풀기를 계속하면서 시간을 끌었다. 그러나 구혼자 중 한 명과 눈이 맞은 시녀 멜란토의 고자질로 거짓이 들통 나자 페넬로페는 더욱 곤란한 처지에 빠지고 말았다. 이타카로 돌아온 오디세우스는 자신의 정체를 감추고 거지 행색으로 궁으로 들어갔다. 남편이 돌아온 것을 모르는 페넬로페는 거짓으로 수의를 짜던 일이 탄로 난 뒤 청혼자들에게 마지막 제안을 했다. 오디세우스가 남겨두고 간 활에 시위를 걸어 화살로 열두 개의 도끼 자루 구멍을 꿰뚫는 사람을 새 남편으로 맞이하겠다고 선언했다. 하지만 구혼자들 중 아무도 오디세우스의 활에 시위를 걸지 못했다. 활에 시위를 걸어 도끼를 꿰뚫은 사람은 초라한 행색의 거지로 변장하고 구혼자들 틈에 섞여 있던 오디세우스뿐이었다.

그는 궁궐의 문을 모두 잠그게 한 뒤 그 자리에 모였던 100여 명의 구혼자를 모두 죽이고 주인을 배신하고 적의 편을 든 종복들도 처단했다. 얼마 뒤 살해당한 구혼자들의 가족들이 복수를 하기 위해 공격해왔지만 아테나와 제우스의 개입으로 싸움이 끝나고 이타카에는 마침내 평화가 찾아왔다.

오르페우스 pp. 22, 73-76

오르페우스는 트라키아 왕 오이아그로스(혹은 아폴론)과 학예의 여신인 무사이 자매 중 하나인 칼리오페 사이에서 태어나 무사이 여신들이 사는 파르나소스산에서 자랐다. 이곳에서 그는 어머니로부터 시와 노래를 배우고, 또 음악의 신 아폴론으로부터 리라 연주를 배워 뛰어난 음악가가 됐다. 그가 아폴론에게서 받은 황금 리라를 연주하면 초목도 감동하고, 사나운 맹수들이 얌전해졌다. 나중에 아르고호 원정대에 참여했을 때는 리라 연주로 바다의 폭풍을 잠재우고, 세이레네스의 유혹하는 노래 소리를 제압했다. 또 원정대가 목적지인 콜키스에 도착했을 때는 그가 리라 연주로 아레스의 숲을 지키는 용을 잠재운 덕분에 무사히 황금 양털을 손에 넣을 수 있었다는 설도 있다. 오르페우스의 아내 에우리디케는 아름다운 물의 님페(혹은 나무의 님페)였다. 에우리디케는 어느 날 트라키아의 초원을 산책하다가 아폴론과 키레네의 아들 아리스타이오스가 자신을 계속 따라오는 것을 보고는 자신을 겁탈하려 한다고 여겨 황급히 도망치다가 뱀에 물려 죽었다. 오르페우스는 에우리디케의 갑작스러운 죽음을 슬퍼하다가 그녀를 찾아 저승으로 갔다. 거기서 오르페우스는 애절한 노래와 리라 연주로 저승의 신들을 감동하게 해 마침내 사랑하는 아내 에우리디케를 다시 지상으로 데려가라는 허락을 얻었다. 그러나 하데스는 한 가지 주의를 주었는데, 에우리디케가 이미 망자가 됐기에 반드시 오르페우스의 뒤에서 따라가야 하며, 오르페우스는 지상에 도달하기까지는 절대로 아내 에우리디케를 돌아봐서는 안 된다는 것이었다. 하지만 지상으로 향하는 여정이 거의 끝날 무렵 지상의 빛이 보이자 오르페우스는 사랑하는 아내를 보고 싶은 마음을 억누르지 못하고 그만 뒤를 돌아보고 말았다. 그러자 에우리디케는 안개의 정령으로 변하여 다시 하데스의 나라로 사라져버렸다. 사랑하는 아내 에우리디케를 영영 잃은 오르페우스는 실의에 잠겨 아내의 기억에만 매달릴 뿐 어떤 여인과도 가까이 지내려하지 않았다. 트라키아의 여인들은 오르페우스가 자신들을 무시한다고 여겨 분노했다. 숲을 거닐던 오르페우스가 디오니소스 의식을 통해 광기에 빠져 있던 트라키아 여인들의 눈에 띄었다. 여인들은 미친 듯이 달려들어 오르페우스의 몸을 갈가리 찢어 죽였다. 여인들은 오르페우스의 시체를 강물에 던져버렸다.

오케아노스 p. 9

오케아노스는 우라노스와 가이아 사이에서 태어난 1세대 티탄 신족 대양의 신이다. 바다의 여성적 생산력을 상징하는 누이동생 테티스와 관계하여 3,000개의 강과 오케아니데스라고 불리는 3,000명의 딸을 낳았다. 상반신은 긴 수염이 난 인간 모습이고, 하반신은 비늘이 달린 물고기 모습이다. 오케아노스는 우라노스와 가이아의 자식 중 맏이지만 티탄족 신들과 올림포스 신들 사이에서 벌어진 10년간 전쟁에서 크로노스의 편을 들지 않고 프로메테우스와 함께 전쟁에서 물러나 있었다고 한다. 오케아노스는 신화에서 대개 강물로 묘사되지만 때로 인격화된 신으로 등장하기도 한다. 오케아노스는 헤라클레스가 게리온의 황소를 가지러 가는 것을 돕기 위해 사위 헬리오스의 황금사발을 손에 넣어 헤라클레스에게 빌려준다. 헤라클레스는 이 사발을 타고 오케아노스의 강물을 건너간다. 호메로스의 『일리아스』에서 오케아노스는 세계의 근원이자 세계와 바다(지중해)를 감싸고 흐르는 거대한 강으로 묘사된다. 그에 따르면 오케아노스는 "신들의 아버지"이며 "모든 강물과 모든 바다와 모든 샘물과 깊은 우물들이 흘러나오는" 근원이다. 그보다 더 강력한 신은 제우스 말고는 아무도 없다. 오케아노스는 제우스가 올림포스에서 소집한 모든 신들의 회합에 유일하게 참석하지 않은 신이다.

요나 p. 45

아미때의 아들로 갓헤벨 출생. 이스라엘의 왕 여로보암 2세가 아라메아인과 싸워 이스라엘에 행운을 가져올 것을 예언했다. 구약성서의 12소예언서 중 하나인 『요나』는 이 예언자가 겪은 중요 사건들을 교훈적으로 기록한 것이다. 요나는 니느웨(니네베)로 가서 그 주민에게 경고하라는 하느님의 명령을 거역하고 다르싯(다시스)으로 달아나다가 항해 중에 큰 풍랑을 만났고, 배에 신의 노여움을 산 인물이 탔다고 생각한 선원들이 제비뽑기를 했을 때 요나가 제비에 뽑혀 바다에 던져져 큰 물고기 뱃속에서 3일간을 지내다가 기적적으로 살아나 사명을 완수했다.

우라노스 pp. 44-45, 83-84, 87, 133

태초의 여신 가이아가 홀로 낳은 아들 우라노스는 어머니 가이아와의 사이에서 키클로페스 삼형제, 헤카톤케이레스 삼형제 그리고 티탄 12신을 낳았다. 막내아들 크로노스에 의해 남근이 거세될 때 흘러내린 핏방울이 가이아의 몸속에 흘러들어가 에리니에스, 기간테스, 멜리아데스가 태어났다. 바다에 내던져진 남근 주변의 거품에서 아프로디테가 태어난다. 헤시오도스가 쓴 『신통기』에는 우라노스가 아내 가이아와 아들 크로노스에 의해 거세되는 과정을 자세히 적고 있는데, 이에 따르면 우라노스는 거세되자 깜짝 놀라 대지에서 떨어지는데, 그로 인해 오늘날과 같이 대지와 하늘이 생겨났다고 한다.

이아손 pp. 22-24, 75

이아손의 아버지 아이손은 이올코스의 왕 크레테우스가 낳은 아들로 적법한 왕위 계승자였지만, 크레테우스 왕이 죽은 뒤 아버지가 다른 형제인 펠리아스에게 왕권을 빼앗기고 유배당했다. 펠리아스는 아이손의 어머니 티로가 크레테우스 왕과 결혼하기 전에 해신 포세이돈과 정을 통하여 낳은 아들이었다. 펠리아스는 아이손이 성인이 되면 왕권을 돌려주겠다고 했지만 약속을 지키지 않았다. 이아손은 아이손이 유배 생활 중에 필라코스 왕의 딸 알키메데와 결혼해서 낳은 아들이다. 아이손은 펠리아스로부터 아들을 지키기 위해 알키메데가 사산했다고 속이고 이아손을 켄타우로스족 현자 케이론에게 보내 교육했다. 건장한 청년으로 자란 이아손은 왕위를 되찾기 위해 이올코스로 갔다. 펠리아스는 이아손을 궁궐로 불러들였고, 이아손은 자신이 찾아온 목적을 솔직하게 이야기했다. 펠리아스는 이아손에게 절대로 잠들지 않는 용이 지키고 있는 콜키스의 황금 양털을 가져오면 왕위를 돌려주겠다고 약속했다. 이아손이 절대로 살아서 돌아오지 못하리라고 생각했던 것이다. 이아손은 아르고스에게 부탁하여 콜키스까지 항해할 배 아르고호를 만들고, 모험에 동참할 영웅들을 각지에서 불러 모았다. 그렇게 아킬레우스의 아버지 펠레우스, 아이아스의 아버지 텔레몬, 헤라클레스, 제우스의 아들들이라는 뜻으로 '디오스쿠로이'로 불린 쌍둥이 카스토르와 폴리데우케스, 리라의 명인 오르페우스 등이 유명한 아르고호 원정대에 참가했다. 그들은 온갖 역경을 넘어 마침내 콜키스 왕국에 도착했으나 아이에테스 왕은 황금 양털을 내주지 않았고, 이아손은 결국 아이에테스 왕의 딸인 마녀 메데이아의 도움을 받아 황금 양털을 손에 넣었다. 이아손은 메데이아 덕분에 아이에테스 왕의 과제도 해결했고, 또 그녀의 마법으로 용을 잠재운 뒤 황금 양털도 손에 넣었다. 메데이아는 심지어 이복동생 압시르토스를 납치해서 아르고호에 태우고 아버지의 추격을 따돌리려고 그를 죽여 사지를 하나씩 바다에 던졌다. 아이에테스 왕은 어린 아들의 장례를 치르려면 사지를 바닷물에서 건져 낼 수밖에 없었고 이아손 일행은 그 틈을 타서 추격을 벗어났다. 그러나 펠리아스는 이아손이 황금 양털을 가지고 돌아왔어도 약속대로 왕위를 넘겨주지 않았다. 펠리아스 왕이 어린 동생 프로마코스마저 살해하자 이아손은 복수를 다짐하며 메데이아와 함께 코린토스로 피신했다. 메데이아는 이번에도 이아손을 도왔다. 그녀는 신분을 감추고 펠리아스의 딸들에게 접근하여 부쩍 늙어 버린 아버지 펠리아스 왕을 다시 젊게 만들어 주겠다고 유혹했다. 메데이아는 자신의 말을 증명하기 위해 펠리아스의 딸들이 보는 앞에서 직접 시연을 해 보였다. 그녀는 늙은 숫양을 죽여 잘게 썬 뒤 끓는 물에 마법의 약초들과 함께 넣고 삶았다. 그리고 잠시 후 뚜껑을 열자 솥에서는 팔팔한 어린 양이 뛰쳐나왔다. 이것을 본 펠리아스의 딸들은 메데이아가 가르쳐 준 대로 아버지를 죽여서 잘게 썬 다음 솥에 넣고 삶았지만, 펠리아스는 숫양처럼 다시 살아나지 않았다. 이렇게 이아손은 부모의 원수를 갚았지만 아내 메데이아가 저지른 끔찍한 범죄 때문에 이올코스에서 추방되어 다시 코린토스로 피신해야 했다. 그곳에서 두 사람은 10년 정도 행복하게 지냈다. 둘 사이에서는 두 아들 메르메로스와 페레스도 태어났다. 하지만 차츰 메데이아에게 싫증 난 이아손은 그녀를 버리고 코린토스의 왕 크레온의 딸인 글라우케와 결혼하려 했다. 크레온 왕은 메데이아를 이아손에게서 떼어놓고 나라에서 추방하려 했다. 분노한 메데이아는 신부의 옷에 독을 발라 글라우케와 크레온을 살해하고, 이아손과의 사이에서 낳은 자식들마저 제 손으로 죽인 다음, 용이 끄는 수레를 타고 사라졌다. 이아손의 최후에 대해서는 여러 가지 설이 있으나 메데이아의 끔찍한 보복 사건 이후 광인이 되어 그리스 각지를 방황하다가 홀로 쓸쓸한 죽음을 맞았다는 설이 가장 유력하다.

이오 p.113

이나코스의 딸이며 헤라를 모시는 여사제였다. 제우스는 이오를 보자 첫눈에 반해 헤라의 눈을 피하기 위해 온통 먹구름으로 주위를 덮고 이오와 사랑을 나누고는 그래도 혹시 헤라가 눈치챌까 두려워 이오를 하얀 암소로 변신시켰다. 그러나 헤라가 상황을 눈치채고 암소를 선물로 달라고 하자 제우스는 갈등하다 결국 헤라의 요구를 들어준다. 헤라는 눈이 백 개 달린 아르고스에게 암소를 감시하게 한다. 그러던 어느 날 이오는 아버지 이나코스에게 발굽으로 바닥에 글을 써서 암소로 변하게 된 사연을 알린다. 이나코스는 딸의 불행에 애통해하며 자신이 죽지도 못하는 불멸의 존재인 신이라는 사실에 절망한다. 제우스는 이오의 불행을 보고는 헤르메스를 불러 아르고스를 죽이라고 명령한다. 헤르메스는 피리를 불어 아르고스를 깊은 잠에 빠지게 해서 죽인다. 이에 분노한 헤라는 이오가 광기와 공포에 휩싸인 채 온 세상을 헤매게 한다. 그러자 제우스는 이오와 관계를 맺지 않겠다고 맹세하며 헤라에게 용서를 빈다. 마침내 이오는 예전 모습을 되찾고 제우스의 아들 에파포스를 낳는다. 이후 에파포스의 후손들은 여러 지역 왕가의 시조들을 낳았고 뛰어난 영웅들도 배출했다. 메두사의 목을 벤 페르세우스와 불세출의 영웅 헤라클레스도 이오의 자손들이다.

이오카스테 pp. 88, 91

메노이케우스의 딸이며 크레온의 동생이다. 라이오스의 아내이며 후일 아들 오이
디푸스의 아내가 된 비극적인 인물이다. 일설에 따르면 라이오스는 에크파스의
딸 에우클레이아와 결혼했고 오이디푸스는 그들 사이에서 태어났으며 이오카스
테는 라이오스의 두 번째 아내이므로, 오이디푸스는 친어머니가 아니라 새어머니
와 결혼한 셈이다. 이오카스테는 테바이 왕 라이오스와 결혼했지만 부부 사이에
자식이 없었다. 라이오스 왕은 델포이 신탁에 그 이유를 물었고, 그가 얻게 될 아
들이 장차 아버지를 죽이고 어머니와 결혼하리라는 예언을 들었다. 얼마 뒤 실제
로 이오카스테가 아이를 배자 라이오스는 신탁의 예언이 실현되는 것을 막기 위
해 아들이 태어나자마자 발목을 뚫어 가죽끈으로 묶은 뒤 부하를 시켜 인적이 없
는 산에 버리게 했다. 하지만 곧 죽을 줄 알았던 아이는 코린토스의 목동에게 발견
되어 살아남았고, 목동은 아이를 자식이 없어 안타까워하는 폴리보스 왕과 그의
아내 메로페에게 데려다줬다. 코린토스의 왕자로 성장한 오이디푸스는 신탁소에
서 자기 아버지를 죽이고 자기 어머니와 결혼하게 되리라는 예언을 듣고 코린토
스를 떠났다. 여러 곳으로 여행을 하던 오이디푸스는 테바이로 들어가는 길목에
서 높은 바위에 앉은 스핑크스를 만나고, 스핑크스가 낸 수수께끼의 답을 맞힌다.
테바이의 시민은 스핑크스의 수수께끼를 풀고 테바이를 구한 오이디푸스를 최고
의 존재로 여긴다. 그리하여 오이디푸스는 이오카스테가 자신의 어머니라는 것은
짐작도 못 한 채 그녀와 결혼하여 2남 2녀를 낳고 행복하게 산다. 그러던 중 테바
이 전역에 전염병이 창궐하여 많은 시민이 죽자 오이디푸스는 처남 크레온을 델
포이의 아폴론 신전으로 보낸다. 델포이에서 돌아온 크레온은 아폴론의 신탁을
전하는데, 선왕 라이오스를 살해한 범인을 찾아서 선왕의 억울한 죽음의 한을 풀
어줘야 한다는 것이다. 결국 예언자 테이레시아스에게 자신이 아버지를 죽이고
어머니를 아내로 취하고 이 나라를 더럽힌 범인이라는 사실을 알게 된 오이디푸
스는 목을 매 자살한 이오카스테를 목격하고 그녀의 옷에 꽂힌 브로치를 뽑아 두
눈을 찔러 실명한다.

이카로스 pp. 70, 99, 116-118

다이달로스와 미노스 왕의 시녀 나우크라테의 아들이다. 다이달로스는 아테네 출
신으로 건축과 공예의 대가이자 뛰어난 발명가다. 그는 조카이자 제자인 페르딕
스의 솜씨를 시기해서 그를 아크로폴리스에서 떨어뜨려 죽였고, 이 사건으로 아
테네를 떠나 크레타섬으로 왔다. 미노스 왕의 왕비 파시파에는 저주를 받아 황소
를 사랑해 미노타우로스라는 괴물을 낳았고, 미노스 왕은 집안의 수치인 이 괴물

을 가두기 위해 다이달로스에게 미궁을 만들게 했다. 미노스 왕은 아테네에 이 괴물에게 먹일 제물로 9년마다 소년과 소녀들을 공물로 바치라고 했고, 아테네의 왕자 테세우스는 크레타섬에 와서 아리아드네의 도움으로 미노타우로스를 죽였다. 미궁의 비밀을 발설한 다이달로스의 행동에 분노한 미노스 왕은 다이달로스와 그 아들을 미궁에 가둬버렸다. 다이달로스는 새의 깃털을 모아 날개를 만들고 밀랍으로 팔에 붙였다. 그는 아들에게 날개를 달아주며 너무 높이 날면 태양의 열에 의해 밀랍이 녹아 날개가 떨어지고, 너무 낮게 날면 바다의 습기를 머금어 날개가 무거워지니 조심하라고 주의를 주면서 자기 뒤에 꼭 붙어서 오라고 당부했다. 하지만 하늘을 날고 있다는 사실에 기분이 들떠 우쭐해진 이카로스는 높이 날아올라 태양에 너무 가까워졌다. 그러자 밀랍이 녹아 날개가 떨어졌고 이카로스는 바다에 추락해 죽었다. 절망에 빠진 다이달로스는 바다에 떨어져 죽은 이카로스의 시신을 섬에 묻고, 죽은 아들을 기억하기 위하여 그 섬을 이카리아라고 불렀다.

제우스 pp. 6, 8-9, 13, 16-17, 24, 26-27, 44-45, 55-56, 62, 64-65, 68-69, 85-87, 94-95, 110, 112-113, 121, 127, 129, 133, 136, 138, 149-150

'제우스'라는 이름의 어원은 '하늘'을 뜻하는 디우스이고, 제우스와 동일시되는 로마 신화의 유피테르 역시 '낮의 하늘'을 뜻하는 디에스와 아버지를 뜻하는 파테르가 합성어로 '하늘의 아버지'라는 뜻이다. 티탄 신족인 크로노스와 레아 사이에서 태어난 6남매 중 막내로 나머지 형제는 여신 헤스티아, 헤라, 데메테르와 남신 포세이돈, 하데스다. 제우스는 누이 헤라와 결혼하여 세 남매 아레스, 헤베, 에일레이티이아를 낳았고, 아들 헤파이스토스는 아내 헤라가 남편의 도움 없이 홀로 낳았다는 설이 있다. 제우스는 올림포스산 모든 신 위에 군림하고 그 권위는 다른 신들의 권위를 모두 합친 것보다도 위대했다. 제우스는 천둥과 번개를 마음대로 부릴 뿐 아니라 무엇으로든 변신할 수 있었다. 제우스는 하늘과 땅을 지배하는 '신과 인간의 아버지'로서 죄지은 자를 벌하고 질서를 유지하며, 재앙을 막는 위력을 발휘했다. 그리고 인간의 행복과 불행도 제우스가 관장했다. 제우스는 청동 시대의 사악한 인간을 멸망시키기 위해 대홍수를 일으켰으나 그를 공경하는 데우칼리온과 그의 아내 피라, 두 사람을 구해서 세상을 다시 인간으로 채우는 방법을 가르쳐줬다. 또한 그는 인간의 마음을 시험해보기 위해 변신한 상태로 인간의 세계에 찾아가곤 했다. 그는 싸움의 조정자이고 정의와 율법의 구현자였다. 제우스는 아내인 헤라 외에도 신과 인간을 포함한 수많은 여성과 수없이 많은 자식을 낳았다. 올림포스 주요 신들은 형제들을 제외하고는 대부분 제우스의 자식들로 채워졌으며, 지방의 유명 왕가나 귀족 가문의 시조 중에도 그의 자식이 많다. 티탄 신족의 우두머리로 세상을 지배하던 크로노스는 언젠가 자식에 의해 왕좌에서 쫓겨날 운명이라는 대지의 여신 가이아의 신탁을 듣고는 아내 레아가 임신할 때마다 자식을 낳는 대로 집어삼켰다. 큰 슬픔에 잠긴 레아가 또다시 아이를 낳게 됐을 때 그녀는 가이아에게 도움을 청했고, 가이아는 크레타섬의 동굴에 아이를 감춰 주었다. 가이아의 도움으로 아이를 빼돌린 레아는 대신 돌덩이를 강보에 싸서 크로노스에게 건네주었고, 크로노스는 아이인 줄 알고 그것을 집어삼켰다. 레아는 어린 제우스를 크레타섬의 님페 아말테이아에게 맡겨 기르게 했다. 아말테이아는 아이를 염소젖과 이데산 꿀벌들의 꿀을 먹여 키웠다. 성년이 된 제우스는 지혜의 여신 메티스의 도움으로 아버지 크로노스가 삼킨 형제들을 모두 되살려낸 다음 그들과 힘을 합쳐 크로노스와 티탄 신족을 공격했다. 이 전쟁은 10년간 계속됐다. 제우스는 타르타로스에 갇혀 있는 거인족 헤카톤케이레스와 키클로페스의 힘을 이용하고자 이들을 구해줬다. 그 보답으로 외눈박이 거인족 키클로페스는 제우스에게 천둥과 벼락을, 포세이돈에게는 삼지창을, 하데스에게는 머리에 쓰면 보이지 않게 되는 투구를 만들어줬다. 결국 이 전쟁은 제우스와 올림포스 신들의 승리로 끝이 났고 티탄 신족은 저승의 가장 깊숙한 곳인 타르타로스에 유폐됐다. 승리한 신들은 제비를 뽑아 권능을 나눴는데 제우스는 하늘을, 포세이돈은 바다를, 하데스는 하계를 각각 다스리게 됐다. 하지만 가이아는 자기 자식인 티탄들이 유폐된 사실에 분노해서 기간테스를 부추겨 제우스에게 대항하게 했다. 기간테스는 크로노스에 의해 잘린 우라노스의 성기에서 흘러나온 피가 대지(가이아)에 떨어져 생겨난 거인족이다. 그렇게 신들의 전쟁은 다시 시작됐고, 아테나는 가장 강력한 기간테스인 팔라스를 죽이고 그 껍질을 벗겨 자기 방패 아이기스에 씌웠다. 제우스와 올림포스 신들의 마지막 시련은 반인반수의 거대한 괴물 티폰과의 싸움이었다. 티폰은 가장 강력한 힘을 갖췄으며 체격은 산보다 커서 머리가 별들에 부딪혔다. 올림포스 신들은 모두 동물로 변신해서 이집트로 도망쳤고 오직 제우스와 아테나만이 맞서 싸웠다. 이 싸움에서 제우스는 티폰에게 붙잡혀 팔다리의 힘줄이 끊긴 채 코리코스 동굴에 갇히는 수모를 당했지만, 헤르메스와 판의 기지로 탈출해서 결국 벼락으로 티폰을 제압했다. 티폰은 시칠리아 바다를 건너 달아나다가 제우스가 던진 에트나산에 깔려 죽었다. 제우스는 금과 은의 시대를 지나 청동 시대에 들어서면서 인간들의 마음이 거칠어지고 서로 싸움을 일삼는 등 세상이 악으로 물들자 대홍수를 일으켜 인간 세상을 쓸어버리고자 했다. 하지만 제우스의 의중을 미리 간파한 프로메테우스는 아들 데우칼리와 피라 부부에게 커다란 배를 만들어 대홍수에 대비하게 했고, 지상에는 그들로부터 새로운 인간이 번창하게 됐다.

카론 pp. 28, 30, 76

망자의 영혼이 하데스의 나라로 가려면 뱃사공 카론의 배를 타고 스틱스강을 건너야 한다. 스틱스는 세상을 둘러싸고 흐르는 오케아노스에서 갈라져 나와 아르카디아의 케르모스산 협곡을 지나 저승으로 들어가는 강을 지배하는 여신의 이름이기도 하다. '증오의 강'으로 불리는 스틱스는 저승에서 슬픔의 강 아케론, 탄식의 강 코키투스, 불의 강 플레게톤, 망각의 강 레테 등 지류로 나뉘어 아홉 물굽이로 하데스의 나라를 감싸고 흐른다. 망자들은 스틱스 강변에서 카론을 만나서 뱃삯을 내고 죽음의 배에 올라타 노를 저어야 한다. 카론의 배에는 장례식을 치른 이들만이 올라탈 수 있다. 그리고 장례식에서는 반드시 망자의 입에 1오볼루스 은화한 닢을 입에(혀 밑에) 물려줘야 했다. 이 돈은 망자들이 카론의 배를 타기 위해서 치러야 하는 뱃삯이다. 이 돈을 내지 못하면 망자는 저승에 들어가지 못하고 스틱스 강가에 머물러 있어야 하므로, 망자에게 '카론의 뱃삯'을 챙겨주는 일은 장례에서 매우 중요한 의식이었다.

카스토르 p. 23

스파르타 왕 틴다레오스의 아내 레다는 백조로 변신한 제우스와 정을 통한 뒤 같은 날 밤 틴다레오스와도 잠자리를 가졌다. 그리고 나서 두 개의 알과 두 명의 아기를 낳았는데 두 아기는 카스토르와 클리타임네스트라이고, 두 개의 알에서는 각각 폴리데우케스와 헬레네가 태어났다. 그래서 카스토르와 클리타임네스트라는 틴다레오스 왕의 자식이고 알에서 태어난 폴리데우케스와 헬레네는 백조로 변신한 제우스의 자식이라고 한다. 다른 설에 따르면 레다가 제우스와 정을 통한 뒤 알을 두 개 낳았는데 한쪽 알에서는 쌍둥이 형제 폴리데우케스와 카스토르가 태어났고 다른 알에서는 쌍둥이 자매 클리타임네스트라와 헬레네가 태어났다고 한다. 이처럼 카스토르와 폴리데우케스는 동시에 태어난 쌍둥이 형제로 '디오스쿠로이(제우스의 아들들)'라고 불리며 남다른 우애를 과시했다. 그들은 이아손이 이끄는 아르고호 원정대에 참여하여 황금 양털을 찾으러 콜키스에 다녀왔고, 칼리돈의 멧돼지 사냥에도 참가했다. 또 테세우스가 누이 헬레네를 납치해 데려가자 아테네를 공격해서 헬레네를 찾아오기도 했다. 디오스쿠로이 형제는 헬레네를 데려올 때 테세우스의 어머니 아이트라를 포로로 끌고 와서 헬레네의 시종으로 삼았으며, 테세우스의 아들들을 쫓아내고 메네스테우스를 아테네의 왕위에 앉혔다. 카스토르와 폴리데우케스는 숙부 레우키포스의 딸들(레우키피데스)인 사촌누이 포이베와 힐라에이라를 납치해서 아내로 삼아 힐라에이라는 카스토르의 아들 아노곤을 낳았고, 포이베는 폴리데우케스의 아들 므네시레오스를 낳았다. 카스토르는 나중에 이다스와 린케우스를 상대로 벌인 다툼에서 이다스의 손에 죽음을 맞았고, 폴리데우케스도 치명상을 입었다. 제우스는 이들 형제를 하늘로 보내 별자리 쌍둥이자리를 만들었다.

카오스 pp. 9, 68, 83

그리스인들은 카오스에서 모든 것이 발생했다고 믿었다. 자주 '혼돈'이라고 번역되지만, 원뜻은 '입을 벌리다(chainein)'로, 이것이 명사화하여 '캄캄한 공간'을 의미하게 됐다. 헤시오도스의 『신통기』에서는 여기서 암흑과 밤이 생겼다고 한다. 또한 오비디우스는 만물의 모든 가능성을 숨긴 종자가 혼합된 것으로 보았다. 이 같은 신화적 카오스에 비해 논리적 원리로서의 자연을 거론한 데서 이오니아 자연철학의 우주론이 시작됐다.

칼리 p. 140

힌두교 신화에서 두르가 여신의 이마에서 태어난 여신이다. 두르가 여신이 분노하자 이마에 검은 혹이 생겼고 거기서 생겨났다고 한다. 칼리가 포효하자 천지만물이 창조됐다. '칼리'는 산스크리트어로 '검은 여자'라는 뜻으로 길고 붉은 혀를 내밀거나 해골 목걸이를 목에 두른 채 시바를 밟고 서 있는 무서운 이미지로 재현된다. 이런 이유로 '공포의 여신'이라는 뜻으로 '바이라비'라고 불리기도 한다. 피와 살육을 좋아하며 남편인 시바가 히말라야에서 명상하는 동안 전쟁에 나가 악마를 처단한다. 이처럼 여성의 상징으로 시바의 아내이지만 종속되지 않고 독립적인 신성을 갖고 있다.

칼리스토 p. 64

처녀 신 아르테미스를 섬기는 숲의 님페다. 영원히 순결을 지키기로 맹세했으나 빼어난 미모가 바람둥이 제우스의 눈에 띄었다. 제우스가 아르테미스 여신으로 변신하여 접근하자, 제우스를 아르테미스인 줄로만 알고 경계를 풀었던 칼리스토는 순결을 빼앗기고 임신까지 하게 됐다. 칼리스토는 아르테미스 여신의 처벌이 두려워 임신 사실을 감췄지만, 여름날 사냥을 끝내고 다 함께 목욕할 때 들키고 말았다. 추방당한 칼리스토는 홀로 숲에서 아들 아르카스를 낳아 기르다 결국 제우스의 아내인 헤라의 눈에 띄고 말았다. 질투심에 사로잡힌 헤라는 그녀를 곰으로 변신시켜버렸다. 홀로 남은 칼리스토의 어린 아들 아르카스는 제우스에 의해 외조부 리카온에게 맡겨져 자랐다. 세월이 흘러 건강한 청년으로 성장한 아르카스는 리카온에 뒤이어 아르카디아의 왕이 됐다. 그리고 어느 날 칼리스토는 숲으로 사냥 나온 아르카스와 마주쳤다. 칼리스토는 아들을 알아보고 다가가려 했지만 아르카스는 위협적인 곰을 향해 화살을 겨눴다. 하늘에서 이 모습을 지켜보던 제우스는 두 모자를 함께 하늘로 끌어 올려 별자리로 만들었다. 북쪽 하늘에 있는 큰곰자리와 작은곰자리가 그들이다.

칼리오페 p. 74

아홉 명의 무사이 자매 중 맏이로 태어났다. '무사이'는 '무사(뮤즈)'의 복수형으로 아홉 자매를 통칭할 때 쓰는 표현이다. 무사이는 기억의 여신 므네모시네와 제우스와의 사이에서 난 딸들로 각각 음악, 미술, 문학, 철학, 역사 등 광범위한 지적 활동을 관장하는 여신들이다. 칼리오페는 이들 중에서 가장 빼어나고 현명한 뮤즈로 알려졌다. 아도니스를 두고 아프로디테와 페르세포네가 다툴 때 이를 중재한 일화가 유명하다. 아도니스는 아프로디테의 분노를 사서 나무로 변신한 미르라의 몸에서 태어났다. 아프로디테는 아기 아도니스를 하데스의 아내 페르세포네에게 맡겨 기르게 했고, 그가 아름다운 청년으로 성장하자 그를 되찾으러 갔다. 하지만, 아도니스에게 마음을 빼앗긴 페르세포네는 내주려 하지 않았다. 두 여신은 아도니스를 차지하려고 다퉜고 제우스에게 중재를 요청하기에 이르렀다. 제우스는 지혜로운 무사(뮤즈) 칼리오페를 중재자로 보냈고, 칼리오페는 두 여신에게 아도니스와 함께 보낼 시간을 균등하게 배분해줬다. 칼리오페는 아폴론과의 사이에서 두 아들 오르페우스와 리노스를 낳았다. 어머니 칼리오페에게서 노래와 시를 배운 오르페우스와 리노스는 모두 음악의 신으로 불렸다. 특히 오르페우스는 리라의 선율로 짐승과 초목까지도 감동하게 했으며, 죽은 아내를 찾아 저승으로 내려가서는 하데스마저도 감동시켜 아내 에우리디케를 지상으로 데려가도 좋다는 허락을 받아내기도 했다.

칼립소 pp. 39, 80

아틀라스의 딸로 바다의 님페다. 오디세우스는 트로이 전쟁에서 승리한 뒤 부하들과 함께 배를 타고 고향으로 향하던 도중 부하들이 헬리오스의 신성한 소를 잡아먹어 신들의 분노를 산다. 제우스는 그의 배를 난파시키고 그의 모든 부하가 목숨을 잃는다. 홀로 살아남은 오디세우스는 배의 잔해에 매달려 바다에서 떠돌다가 칼립소가 사는 전설의 섬 오기기아에 도착한다. 칼립소는 오디세우스에게 반해 불사신으로 만들어주겠다고 회유하며 그를 오랫동안 붙잡아둔다. 하지만 오디세우스는 고향에 있는 아내 페넬로페와 아들 텔레마코스를 그리워할 뿐이다. 지혜와 전쟁의 여신 아테나는 오디세우스를 불쌍히 여겨 제우스에게 오디세우스를

놓아달라고 탄원하고, 제우스는 헤르메스를 보내 칼립소에게 오디세우스를 보내
주라고 명령했다. 오랜 기간 함께 지내면서(기록에 따라 3년, 5년, 7년) 칼립소는
오디세우스의 자식을 낳았고, 그가 떠나자 스스로 목숨을 끊었다고 전한다.

케르베로스 p. 76

그리스 신화에서 가장 강하고 무서운 힘을 갖췄다고 전해지는 티폰과 에드키나
사이에 태어난 괴물 개이다. 티폰은 상반신은 인간이지만, 어깨와 팔에는 눈에서
불을 뿜어내는 100마리 뱀(혹은 용)의 머리가 솟아 있고, 하반신은 똬리를 튼 거대
한 뱀의 형상을 하고 있다. 티폰과 에키드나는 지하세계를 지키는 개 케르베로스
를 비롯하여 사자와 양과 뱀의 형상을 한 전설적 괴물 키마이라, 게리온의 맹견 오
르트로스, 레르나의 습지에 사는 물뱀 히드라 등을 낳았다. 하데스의 지하세계 문
을 지키는 케르베로스는 죽어서 지하세계에 들어온 영혼을 나가지 못하게 하고,
살아 있는 영혼이 들어오지 못하게 감시하는 역할을 한다. 머리 3개, 용의 꼬리가
달렸으며 등에 온갖 종류의 뱀 머리들이 솟아 있다고 한다. 그러나 살아 있는 영혼
으로 지하세계를 드나든 예외적인 신과 영웅도 있었다. 헤라클레스는 심지어 케
르베로스를 지상 세계로 데려가기도 했다.

케이론 pp. 103, 143

반인반마 켄타우로스족은 대부분 테살리아의 왕 익시온과 구름의 님페 네펠레 사
이에서 태어났지만, 케이론은 크로노스와 필리라 사이에서 태어난 켄타우로스
다. 대양의 신 오케아노스의 딸 필리라에게 반한 크로노스는 아내 레아를 속이려
고 필리라를 말로 변하게 한 다음 사랑을 나눴다. 얼마 뒤 필리라는 반인반마 케이
론을 낳았다. 다른 설에 따르면 필리라는 크로노스의 구애를 피해 말로 변신하여
도망치다가 겁탈을 당하여 케이론을 낳았다고도 한다. 지혜롭고 온화한 케이론은
친구인 아폴론에게서 의술과 궁술을 배웠고, 음악과 예언에도 뛰어나 헤라클레
스, 이아손, 아스클레피오스, 아킬레우스, 디오스쿠로이, 악타이온 등 여러 영웅을
가르쳤다. 테살리아 펠리온산 동굴에 살면서 인간들과도 교류했고, 특히 펠레우
스와 친하게 지내면서 그에게 많은 도움을 줬다. 펠레우스의 아들 아킬레우스의
교육을 맡아 그를 그리스 최고의 영웅으로 길러냈다. 케이론은 원래 크로노스의
피를 물려받아 불사의 몸이었지만, 자신의 제자였던 헤라클레스의 실수로 죽음을
맞게 된다. 헤라클레스는 켄타우로스 친구인 폴로스의 집에 들렀다가 음료를 청
했고, 폴로스는 디오니소스가 켄타우로스들에게 준 신성한 포도주 항아리를 개봉
했다. 신성한 포도주 향기가 퍼져나가자 켄타우로스들이 몰려들었고, 그들과 헤

라클레스 사이에 싸움이 벌어졌다. 헤라클레스가 켄타우로스들을 물리친 화살에는 히드라의 맹독이 발라져 있었는데 실수로 이 화살에 맞은 케이론은 불사의 몸이었으므로 죽지는 않고 엄청난 고통만 받았다. 결국 케이론은 제우스에게 죽을 수 있게 해달라고 빌었고, 제우스는 그의 청을 받아들여 편안한 죽음을 맞이하게 해줬다.

케크롭스 p. 128
케크롭스는 부모 없이 대지에서 태어났으며 아테네 초대 왕 악타이오스의 딸 아글라우로스와 결혼하여 장인이 다스리던 나라를 물려받았다. 그는 나라를 통치하면서 다양한 제도를 도입했다. 도시 건설법과 죽은 자의 매장법을 제정하고, 일부일처제를 정착시켰다. 인간 제물 풍습을 없애고 소유권법을 확정했으며 문자를 발명하고, 처음으로 인구조사도 했다. 하지만 아들이 먼저 죽는 바람에 아테네의 왕위는 그의 뒤를 이어 지방 유력자 크라나오스에게 넘어갔다.
케크롭스가 아티카를 다스리던 시절에 신들은 자신의 지배권을 확대하기 위해 도시들을 놓고 경쟁을 벌였다. 아테네시는 아테나와 포세이돈이 경합했다. 케크롭스와 아테네의 시민은 누가 도시에 더 이로운 선물을 주는지 여부로 수호신을 결정하기로 했다. 그러자 포세이돈은 삼지창으로 땅을 찔러 아크로폴리스 언덕에 바닷물이 샘솟게 했고, 아테나는 올리브나무가 자라게 했다. 아테네인들은 올리브 열매가 소금물 샘보다 더 유용하다고 판단하고 아테나를 수호신으로 정했다. 아테네라는 도시명은 아테나 여신에게서 유래했다.

켄타우로스 pp. 73, 102-103, 143
켄타우로스족은 테살리아 왕 익시온이 구름의 님페 네펠레와 결합해서 낳은 자식들로 알려졌다. 제우스는 신들의 만찬에 초대받은 익시온이 헤라에게 불경한 욕망을 품자 구름(네펠레)으로 헤라의 형상을 만들어 익시온을 속였다. 익시온은 이 구름을 헤라로 알고 정을 통했는데 이 결합에서 켄타우로스들이 태어났다는 것이다. 제우스는 신성모독의 죄를 저지른 익시온을 불타는 수레바퀴에 묶어 허공으로 던져버렸고, 익시온은 그대로 타르타로스(저승)로 떨어져 불타는 수레바퀴에 묶인 채 영원한 고통을 받게 됐다. 또 다른 전승에 따르면 켄타우로스족은 아폴론과 스틸베 사이에서 태어난 아들 켄타우로스의 자손이라고 한다. 아폴론과 스틸베 사이에서는 또 다른 아들 라피토스도 태어났는데, 그는 라피타이족의 조상이 됐다. 하지만 켄타우로스족의 현자로 꼽히는 케이론과 폴로스는 혈통이 다르다. 케이론은 크로노스와 필리라 사이에서 태어났고 폴로스는 실레노스와 물푸레나

무의 님페 멜리아데스 사이에서 태어났다. 케이론과 폴로스는 인간에게 호의적이고 친절하며 폭력을 좋아하지 않았다. 익시온의 또 다른 아들로 라피타이족을 다스리던 페이리토오스는 부테스의 딸 히포다메이아와 결혼하면서 친구 테세우스와 네스토르를 비롯한 많은 손님을 초대했다. 손님 중에는 켄타우로스들도 있었다. 그들도 역시 익시온의 자식들이므로 페이리토오스와는 가까운 친척이었던 것이다. 그런데 술에 취한 켄타우로스들은 자제력을 잃고 테살리아의 처녀들을 겁탈하려고 했다. 에우리티온은 심지어 신부 히포다메이아에게 달려들었다. 결혼식장은 아수라장이 됐다. 화가 난 테세우스는 옆에 있던 항아리를 들어 에우리티온의 머리를 내리쳤고 에우리티온은 그 자리에서 죽었다. 그러자 켄타우로스들이 반격에 나서면서 페이리토오스가 다스리는 라피타이족과 켄타우로스족 사이에 싸움이 벌어졌다. 테세우스도 가담한 이 싸움은 수많은 켄타우로스가 라피타이족의 손에 목숨을 잃은 뒤 끝났다. 이 일로 켄타우로스들은 테살리아에서 추방돼 펠로폰네소스로 갔고, 싸움에 가담하지 않았던 켄타우로스족의 현자 케이론만이 테살리아의 펠리온산에 남았다.

코로니스 p. 27
테살리아 왕 플레기아스의 딸로 익시온과 남매지간이다. 아폴론과 사이에서 의술의 신 아스클레피오스를 낳았다. 아폴론은 코로니스를 무척 사랑했으나 늘 함께 지낼 수 없어 흰 까마귀를 보내 자기가 없는 동안 그녀를 지켜보게 했다. 코로니스도 아폴론을 사랑했지만, 인간인 자신이 늙으면 아폴론에게서 버림받으리라는 생각에 늘 두려움을 느꼈다. 그러던 중 인간 남자인 이스키스 왕을 사랑하게 됐고, 이미 아폴론의 아이를 밴 상태였으나 그와 결혼했다. 흰 까마귀는 이 사실을 아폴론에게 전했고, 분노한 아폴론은 코로니스를 활로 쏴 죽였다. 하지만 곧 자기 행동을 후회하면서 장작 위에서 타고 있던 코로니스의 시체를 가르고 아기를 꺼냈다. 아폴론은 이 아이를 켄타우로스족 현자 케이론에게 맡겨 기르게 했고, 케이론은 자신이 아폴론에게 배운 의술을 아이에게 전수했다. 의술의 신 아폴론의 피를 받은 아들 아스클레피오스는 뛰어난 의술가가 되어 죽은 사람을 살리는 방법도 터득했다. 하지만 죽은 자를 되살리는 의술은 세상의 질서를 무너뜨리는 위험한 짓이었다. 결국 아스클레피오스는 제우스의 벼락을 맞고 죽지만 나중에 하늘에 올라 신의 반열에 들었다.

큐피드 pp. 84, 138
그리스 신화의 에로스에 해당하는 로마 신화 사랑의 신.

크로노스 pp. 40, 44-45, 83, 121

가이아와 우라노스 사이에서 태어났다. 남자 형제는 오케아노스, 코이오스, 크레이오스, 히페리온, 이아페토스, 크로노스 6명이고, 여자 형제는 테티스, 포이베, 테이아, 레아, 테미스, 므네모시네 6명이다. 이 12명의 신이 티탄 12신이다. 그중에서 크로노스는 막내다. 우라노스가 가이아와 낳은 자식들을 모두 타르타로스에 가두자 가이아는 복수를 결심한다. 어머니 가이아의 복수 계획에 막내아들 크로노스만이 적극적으로 동의한다. 그는 날카로운 거대한 낫으로 아버지 우라노스의 남근을 잘라버린다. 그리고 그는 우주의 지배자, 즉 최고 신의 자리에 오른다. 크로노스는 누이 레아를 아내로 삼아 헤스티아, 데메테르, 헤라, 하데스, 포세이돈, 제우스를 차례로 낳는다. 그러나 크로노스는 자신의 자식 중 한 명이 그의 지배권을 빼앗으리라는 신탁 때문에 자식들이 태어나자마자 곧바로 삼켜버린다. 사악하고 영리한 크로노스에게서 자식을 구하고 싶은 레아는 막내아들 제우스를 낳자 아기 대신에 돌을 강보에 싸서 그것을 삼키게 하는 계획을 세운다. 어머니 레아의 계획이 성공하여 제우스는 아버지 크로노스에게서 벗어나 장성하게 된다. 장성한 제우스와 크로노스 사이에 10년 동안 지속된 싸움이 벌어지고 그 싸움에서 제우스가 승리한다. 그 결과 크로노스의 시대는 막을 내리고, 제우스의 시대가 도래한다. 다시 말해 그리스 신화의 제2세대 신의 시대인 티탄 신족의 시대가 막을 내리고, 제우스와 그의 형제 시대인 그리스 신화의 제3세대 신 올림포스 신들의 시대가 도래한다. 크로노스는 아들 제우스에 의해 타르타로스에 갇힌다,

키르케 p. 80

트로이 전쟁이 끝나고 귀향하던 오디세우스는 배와 부하들을 대부분 잃은 채 키르케의 섬에 도착했다. 오디세우스는 정찰대를 보냈으나 돌아온 것은 에우릴로코스 한 명뿐이었다. 그들은 숲속에서 으리으리한 건물을 발견했는데 안에서 아름다운 여인이 나와 친절하게 먹을 것을 줬다고 했다. 하지만 음식에는 마법의 약초가 들어 있었고, 부하들은 모두 돼지로 변했다. 키르케는 돼지로 변한 오디세우스의 부하들을 모두 우리에 가뒀다. 오디세우스는 부하들을 구하러 무장하고 키르케의 집으로 향했다. 가는 길에 오디세우스는 젊은이로 변신한 헤르메스를 만나 키르케의 마법을 무력화하는 약초를 얻었다. 헤르메스는 또 오디세우스에게 키르케가 동침을 요구할 텐데 그러면 자신에게 위해를 가하지 않겠다는 맹세를 먼저 받아내라고 일러줬다. 오디세우스는 헤르메스의 가르침대로 키르케의 마법을 물리치고 부하들을 본래 모습으로 돌려놓은 다음 키르케와 달콤한 잠자리를 즐겼다. 오디세우스는 그렇게 키르케의 집에서 1년을 지내다 마침내 다시 귀향길에 나

선다. 키르케는 오디세우스에게 고향 이타카로 돌아갈 방법을 알려 준다. 키르케는 오디세우스에게 먼저 하계로 내려가 예언자 테이레시아스를 만나 조언을 구한 다음 여행에 나설 것을 권하고, 바다에서 그에게 닥칠 위험들을 피할 방법도 자세히 가르쳐줬다.

키클로페스 pp. 27, 42, 87, 131-133

키클로페스는 대지의 여신 가이아와 '하늘'의 의인화된 신 우라노스 사이에서 태어난 외눈박이 거인 삼 형제다. 그들은 천둥의 의인화된 신 브론테스, 번개의 의인화된 신 스테로페스, 벼락의 의인화된 신 아르게스이다. 외눈박이 거인족인 키클로페스는 시칠리아 해안의 섬에서 양과 염소를 기르며 동굴에서 산다. 야만적이고 오만불손해서 제우스조차도 두려워하지 않는다. 키클로페스 중에서 가장 유명한 자는 폴리페모스라고 불리는 거인이다. 그는 트로이 전쟁의 영웅 오디세우스의 계략에 속아 하나밖에 없는 눈을 잃는다.

타나토스 p. 16

그리스 신화에서 죽음을 의인화한 신. 인격 신으로 등장하는 사례는 헤라클레스가 타나토스와 격투해서 아르케스티스를 구했다는 일화라든가 하신 아소포스의 딸 유괴범으로 폭로되어 분노한 제우스가 시시포스에게 타나토스를 보냈으나 교활한 시시포스가 타나토스를 속여 결박했기 때문에, 군신 알레스가 그 포박을 풀 때까지 오랫동안 사자가 나오지 않았다는 일화 등에서 찾아볼 수 있다.

탄탈로스 pp. 16, 106

탄탈로스는 제우스가 오케아노스와 테티스 사이에서 난 님페 플루토와 관계해서 태어난 아들로 리디아의 시필로스산 부근을 다스리는 아주 부유한 왕이었다. 그의 영지를 돌아보는 데만 꼬박 12일이 걸렸다고 한다. 탄탈로스는 신들의 총애를 받아 식사에 초대되곤 했지만, 신들의 음식인 암브로시아와 넥타르를 훔쳐서 인간 친구들에게 주고 신들의 대화에서 들은 비밀을 누설해서 신들을 노하게 했다. 판다레오스가 제우스의 신전에서 황금 개를 훔쳐서 탄탈로스에게 맡기며 키워 달라고 한 적이 있었는데, 제우스가 이 사실을 알고 헤르메스를 보내 돌려달라고 했지만, 탄탈로스는 그 개를 본 적도 없다고 시치미를 떼서 신의 분노를 산 적도 있었다. 더욱 결정적으로 신들을 화나게 한 사건은 신들이 탄탈로스의 집에서 식사하게 됐을 때였다. 신들이 인간과 식탁에 함께 앉은 것은 카드모스와 하르모니아의 결혼식 때를 제외하면 이때가 유일했다. 탄탈로스는 신들이 정말로 그렇게 전능한 존재인지를 시험해보려는 오만한 마음에서 자기 막내아들 펠롭스를 죽여 그 고기로 국을 끓여 신들에게 대접했다. 신들은 탄탈로스의 끔찍한 짓을 금방 알아차렸지만, 데메테르 여신만은 딸 페르세포네를 잃은 슬픔에 정신이 팔려 고깃국을 그냥 먹고 말았다. 신들은 국그릇에 담긴 펠롭스의 고깃덩이들을 모두 다시 솥에 담아서 운명의 여신 클로토에게 주었고, 클로토는 제우스의 명에 따라 그 고깃덩이들을 다시 아름다운 소년 펠롭스의 모습으로 되살려냈지만 데메테르 여신이 먹어버린 어깨 부위만은 되살릴 수 없어서 신들은 상아로 어깨를 만들어 펠롭스에게 붙여줬다. 신들은 탄탈로스를 하계 타르타로스로 추방해서 그곳에서 영원히 고통받게 했다. 게다가 이후 탄탈로스 가문에는 5대에 걸쳐 형제가 형제를 죽이고 부모와 자식이 서로 죽이고 죽는 피비린내 나는 골육상쟁이 벌어진다. 이 끔찍하고 잔인한 저주는 아버지 아가멤논의 원수를 갚기 위해 어머니 클리타임네스트라를 죽인 탄탈로스 가문의 마지막 후손 오레스테스에 이르러서야 비로소 끝난다.

테미스 pp. 7, 9

가이아와 우라노스 사이에서 태어난 티탄 12신 중 하나로, 메티스에 이어 제우스의 두 번째 아내가 된 여신이다. 테미스와 제우스 사이에서는 계절의 여신 호라이와 운명의 여신 모이라이가 태어났다. 호라이 세 자매는 에우노미아, 디케, 에이레네로 각각 질서, 정의, 평화를 관장한다. 모이라이 세 자매는 운명의 실을 뽑아내는 클로토, 운명의 실을 배당하는 라케시스, 운명의 실을 가위로 끊는 아트로포스다. 테미스는 또한 정의를 의인화한 처녀신 아스트라이아를 낳았다.
다른 설에 따르면 제우스는 테미스의 두 번째 남편이며 첫 남편은 티탄 신족의 이아페토스라고 한다. 테미스와 이아페토스 사이에서는 프로메테우스가 태어났는데, 테미스는 프로메테우스에게 자신이 지닌 대부분의 능력을 전해줬다고 한다. 테미스는 델포이 신탁소의 주인답게 앞날을 내다보는 능력과 세상만사를 꿰뚫어보는 통찰력이 있었다. 아름다운 바다의 님페 테티스를 좇아다니던 제우스에게 그녀와 관계하면 아버지를 능가하는 자식이 태어난다고 말해준 것도 테미스였다. 제우스는 결국 테티스와의 결합을 포기하고 그녀를 인간의 왕 펠레우스와 결혼시켰다. 이 결혼에서 태어난 인물이 바로 트로이의 영웅 아킬레우스였다. 그녀는 또 하늘을 떠받치고 있는 아틀라스에게 언젠가 제우스의 아들이 와서 헤스페리데스의 황금 사과를 훔쳐 가리라는 경고도 해줬다. 그 때문에 아틀라스는 잠시 그의 곁에서 피로한 다리를 쉬어가고자 하는 페르세우스의 청을 거절했다가 페르세우스가 가지고 있던 메두사의 머리에 의해 돌로 변하고 말았다.

테세우스 pp. 22, 27, 33-35, 61, 99

테세우스는 아티카 지역 대표적 영웅으로 펠로폰네소스 지역에 기반을 둔 도리스 족 영웅 헤라클레스와 쌍벽을 이룬다. 그는 아티카 지역의 악당들과 괴물들을 소탕하고 아테네의 왕위에 오른 뒤, 주변에 흩어져 살던 주민들을 모으고 아티카 지역을 아테네를 중심으로 통합하는 일종의 정치적 개혁을 단행했다. 그런 다음 이를 상징하는 판아테나이 축제를 창설하고, 헤라클레스가 제우스를 기리는 올림피아 경기를 만든 것처럼 포세이돈을 기리는 이스트미아 경기를 코린토스에 만들었다. 아테네 왕 아이게우스는 후사가 없어 델포이로 가서 자식을 얻을 방도를 물었다. 그러자 "아테네로 갈 때까지 포도주 뚜껑을 열지 말라."는 수수께끼 같은 신탁이 나왔다. 아이게우스는 아테네로 돌아가는 길에 트로이젠에 들러 그곳의 왕이자 유명한 예언자이기도 한 피테우스에게 신탁의 의미를 물었다. 피테우스는 신탁의 뜻을 당장에 알아차렸지만 아무 말 없이 성대한 주연을 벌여 아이게우스를 취하게 한 다음, 그의 침실에 딸 아이트라를 들여보냈다. 아이게우스와 동침한 날 밤 아이트라 꿈에 아테나 여신이 나타나 그녀를 근처의 섬으로 인도했고, 그곳에서 아이트라는 해신 포세이돈과 동침했다. 이렇게 해서 아이트라는 하룻밤에 두 남자의 씨를 받아 테세우스를 잉태했다. 아이게우스는 아이트라가 임신한 것을 알고는 커다란 바위가 있는 곳으로 데려가 바위를 들어 올리고 그 밑에 칼과 신발을 넣은 다음, 아이가 혼자서 바위를 들어 올릴 수 있을 만큼 자라면 아테네로 보내라고 말하고 트로이젠을 떠났다. 테세우스는 열여섯 살 때 그 바위를 들어 올려 그 밑에 있던 칼과 신발을 꺼내 들고 아버지에게로 떠났다. 이때 테세우스가 거친 여정은 헤라클레스가 그랬듯이 온갖 괴물과 악당을 쳐부수는 긴 장정이었다. 그 결과 테세우스는 트로이젠에서 아테네에 이르는 코린토스만 주변의 수많은 악당과 괴물을 모두 퇴치하고 위대한 영웅이 되어 아테네에 입성했다. 테세우스가 아이게우스에 의해 아테네의 적법한 왕위계승자로 공표되자 숙부인 팔라스와 그의 50명의 아들(팔라티데스)이 반란을 일으켰고 테세우스는 그들을 모두 죽였다. 그리고 크레타에 9년에 한 번씩 아테네의 젊은 남녀를 일곱 명씩 인신 공물로 보내던 관행도 근절하고자 직접 나서서 미궁에 들어가 괴물 미노타우로스를 처단했다. 그러나 테세우스는 크레타를 출발해 낙소스섬에 정박했을 때 자신을 도왔던 아리아드네가 잠든 채 버려두고 떠나버렸다. 아이게우스 왕은 사랑하는 아들 테세우스가 크레타섬에서 임무를 마치고 돌아올 때 흰 돛을 달라고 했으나 테세우스는 흰 돛을 다는 것을 잊어버렸고, 검은 돛을 달고 돌아오는 것을 본 아이게우스 왕은 아들이 죽은 줄로 믿고 낙담하여 절벽 아래 바다로 몸을 던졌다. 아이게우스에 이어 아테네의 왕위에 오른 테세우스는 흑해 연안의 여전사 부족 아마조네스 원정에 나서 그들의 여왕 히폴리테(혹은 그녀의 여동생 안티오페)를 사로잡아 아내로 삼았다. 하지만 히폴리테는 납치된 여왕을 되찾기 위해 아마조네스가 아테네를 공격해 왔을 때 전투 중에 죽고 말았다. 히폴리테는 그사이에 테세우스에게 아들 히폴리토스를 낳았다. 이후 테세우스가 모험 중에 저승에 잡혀 있다가 다시 돌아왔을 때 아테네는 심한 혼란에 빠져 있었다. 헬레네의 쌍둥이 오빠 디오스쿠로이가 테세우스가 자리를 비운 사이 아테네를 다스리던 그의 두 아들 아카마스와 데모폰을 쫓아내고 아테네의 왕권을 에레크테우스의 자손인 메네스테우스에게 넘겨줬던 것이다. 결국 테세우스는 아테네로 돌아가지 못하고 스키로스섬으로 갔다. 하지만 그 무렵 스키로스섬을 다스리던 리코메데스 왕은 테세우스가 자신의 왕권을 빼앗을까 봐 두려워 그를 환대하는 척하며 바닷가로 데려가서 절벽에서 밀어 죽였다.

테이레시아스 p.49

테바이의 귀족 에우에레스와 님페 카리클로의 아들이다. 테이레시아스는 제우스를 모시는 사제였다. 그는 젊은 시절 킬레네(혹은 키타이론)산에서 뱀 두 마리가 교미하는 광경을 보고 가지고 있던 지팡이로 암컷을 때려죽였는데 그러자 갑자기 그 자신이 여자로 변신했다. 여자가 된 테이레시아스는 헤라의 사제가 됐고, 결혼해서 자식도 낳았다. 이때 낳은 자식 중 한 명이 유명한 델포이의 무녀 만토다. 7년 뒤에 테이레시아스는 다시 뱀 두 마리가 교미하는 것을 보고 이번에는 수컷을 때려죽였더니 다시 남자의 몸이 됐다. 그 일이 있고 나서 얼마 뒤 제우스와 헤라는 남녀가 잠자리에서 사랑을 나눌 때 둘 중 어느 쪽이 더 큰 쾌락을 얻는지를 놓고 언쟁을 벌이다 남녀의 몸을 다 가져본 테이레시아스에게 물어보기로 했다. 제우스는 여자의 쾌락이 더 크다고 주장하였고 헤라는 반대 입장이었다. 테이레시아스는 자신이 경험해보니 여자의 쾌락이 남자보다 아홉 배나 더 강했다면서 제우스의 손을 들어줬다. 그러자 화가 난 헤라가 테이레시아스를 장님으로 만들어버렸다. 제우스는 그 보상으로 테이레시아스에게 새들의 말을 알아듣는 능력과 누구보다도 뛰어난 예언력을 줬다. 그리스 신화에서 예언자 테이레시아스는 주로 테바이의 전설에 등장하여 주요 사건들에 관해 많은 예언을 했다. 테이레시아스는 테바이의 펜테우스 왕에게 디오니소스를 신으로 받아들이고 제사를 올려야 한다고 경고했지만, 펜테우스는 이를 무시했다가 결국 디오니소스를 모시는 여인들에 의해 갈가리 찢겨 죽고 말았다. 오이디푸스가 아버지 라이오스 왕을 죽이고 어머니 이오카스테와 결혼한 사실을 신탁을 통해 밝힌 것도 테이레시아스였다. 전쟁이 끝난 뒤 조국을 배신한 폴리네이케스의 장례 문제로 크레온이 폴리네이케스의 누이 안티고네를 지하 감옥에 가두고 죽이려할 때 테이레시아스는 크레온에게 나라에 불길한 징조가 나타나고 있으니 죽은 자는 무덤에 매장하고 산 자는 지상으로 돌아오게 해야 한다고 조언했다. 크레온은 그의 말을 무시하고 안티고네를 죽게 했다가 아들과 아내를 모두 잃었다. 테이레시아스는 7장군의 후손들인 에피고노이에게 테바이가 함락됐을 때 딸 만토와 함께 도시를 떠나 피난 가던 중 텔푸사의 샘물가에서 기나긴 생을 마쳤다. 늙은 몸을 이끌고 급한 걸음을 가느라 몹시 목이 말랐던 테이레시아스는 차디찬 샘물을 급히 마시다 죽었다고 한다.

테티스 pp. 42, 139, 143, 147

테티스는 해신 네레우스와 도리스 사이에서 태어난 바다의 님페 네레이데스 중한 명으로, 제우스의 자손인 펠레우스와 결혼하여 영웅 아킬레우스를 낳았다. 제우스는 테티스의 미모에 반해 유혹하려 했지만, 그녀가 낳는 아들이 아버지보다더 위대해진다는 프로메테우스의 예언을 듣고는 두려운 마음에 인간인 펠레우스와 결혼시키려 했다. 하지만 테티스는 인간과 맺어지기를 원치 않았다. 그래서 아버지 네레우스처럼 여러 모습으로 변신하면서 펠레우스의 손길을 피해 도망쳤다. 그러나 펠레우스는 케이론의 조언에 따라 그녀가 어떤 모습으로 변신하든 개의치않고 끝까지 꼭 붙들고 놓아주지 않았고, 결국 테티스는 결혼을 승낙했다. 펠레우스와 테티스의 결혼식에는 올림포스의 모든 신이 초대됐지만 단 한 명 불화의 여신 에리스만 초대받지 못했다. 이에 분노한 에리스는 불청객으로 찾아와 '가장아름다운 자에게 바친다'는 글귀가 새겨진 황금 사과를 연회석에 던졌고, 아테나와 헤라와 아프로디테 여신이 서로 사과를 차지하겠다고 고집하면서 말썽이 생겼다. 제우스는 트로이의 왕자 파리스에게 심판을 맡겼다. 이에 헤라는 파리스에게사과를 자신에게 주면 최고의 권력을 주겠다고 했고, 아테네는 누구보다 뛰어난지혜를 약속했으며, 아프로디테는 세상에서 가장 아름다운 여인을 주겠다고 했다. 사과는 아프로디테에게 돌아갔다. 하지만 파리스에게 그리스 최고의 미녀 헬레네를 안겨준 이 결정은 나중에 트로이 전쟁으로 이어졌고, 테티스와 펠레우스의 아들 아킬레우스는 그 전쟁에서 죽임을 당한다. 펠레우스와 테티스의 결혼 생활은 그다지 행복하지 못했다. 테티스는 펠레우스와의 사이에서 여러 명의 자식을 낳았지만, 그들을 불사의 존재로 만들려다 모두 불에 태워 죽이고 말았다. 펠레우스는 그녀가 막내아들 아킬레우스를 또다시 불 속에 넣는 것을 보고 억지로 빼앗아 버렸다. 그러자 그녀는 아킬레우스를 절대로 상처 입지 않는 몸으로 만들어주기 위해 스틱스강에 담갔는데, 이때 발목을 붙잡고 담그는 바람에 물이 닿지 않은 발목 부위가 아킬레우스의 유일한 약점이 됐다. 그리고 결국 그 자리에 파리스의 화살을 맞아 아킬레우스는 어머니 테티스의 모든 노력을 허사로 만들며 필멸의 존재로서 생을 마감했다.

티탄   pp. 13, 27, 94, 109, 150
거인 신족. 복수형은 티타네스이다. 천공의 신 우라노스와 대지의 여신 가이아의 후예로 오케아노스, 코이오스, 크리오스, 히페리온, 이아페토스, 크로노스 6명의 남신과 테이아, 레아, 테미스, 므네모시네, 포이베, 테티스 6명의 여신으로 구성됐다. 이들의 일부는 대자연의 힘을 나타내고 있으며, 일부는 테미스(규율), 므네모시네(기억)처럼 추상적 개념을 의인화한 것도 있다. 이들은 그리스 신화의 주인공인 올림포스 신들보다 이전에 활동한 존재이며, 모두가 가이아의 권고에 따라 우라노스로부터 지배권을 빼앗아 막내아들인 크로노스를 지배자로 삼았다.

파르테노스   p. 128
디오니소스의 아들 스타필로스와 크리소테미스의 결합으로 태어난 세 딸 가운데 하나다. 로이오와 몰파디아는 파르테노스의 자매들이다. 스타필로스는 그리스어로 '포도송이'를 뜻한다. 그는 술의 신 디오니소스를 아버지로 두었기 때문에 포도나무 및 포도주 관련 전설에 자주 등장하는데 파르테노스 신화도 그러한 계열에 속한다. 어느 날 파르테노스는 아버지로부터 자매인 몰파디아와 함께 신성한 포도주를 잘 지키라는 명을 받았다. 그러나 자매는 깜박 잠들었고, 그사이 돼지 떼가 포도주를 모두 마셔버렸다. 아버지의 분노를 두려워한 자매는 바닷가 절벽에서 함께 뛰어내렸다. 이들을 불쌍히 여긴 아폴론은 그들을 죽음으로부터 구해내어 파르테노스와 몰파디아를 각각 고대 도시 부바스토스와 카스타보스의 수호자로 만들었다.

파리스   p. 144
트로이의 마지막 왕 프리아모스의 아들로, 그가 태어날 때 어머니 헤카베는 도시 전체가 불길에 휩싸이는 꿈을 꾸었다. 프리아모스 왕이 첫 번째 아내인 아리스베가 낳은 아들이며 외할아버지에게서 해몽 법을 배운 아이사코스를 불러 헤카베 꿈의 의미를 물어보니 아이사코스는 이복동생이 트로이를 멸망시킬 것이라며 아기를 버리라고 충고한다. 프리아모스는 갓난아이를 이다산에 버리게 했으나 암곰의 젖을 먹고 살아남은 파리스는 아겔라오스의 보호를 받으며 훌륭하게 성장했다. 사람들은 파리스가 도둑을 물리치고 양 떼를 지켜주었기에 그를 '보호해주는 남자'라는 뜻이 있는 '알렉산드로스'라는 이름으로 불렀다. 한편 바다의 여신 테티스의 결혼식에 여러 신이 잔치에 초대됐으나 불화의 여신 에리스만 제외됐다. 노한 여신은 "가장 아름다운 자에게"라고 쓰인 황금 사과를 연회석에 던졌다. 아테나·헤라·아프로디테 세 여신이 이 사과를 두고 다투자 제우스는 그 심판을 파리스에게 맡겼다. 아테나는 지혜를, 헤라는 세계 지배권을, 아프로디테는 가장 아름다운 여자를 각각 파리스에게 약속했다. 파리스는 아프로디테를 택했고, 그는 여신의 도움으로 스파르타의 헬레네를 트로이로 데려왔다. 하지만 헬레네는 스파르타의 왕 메넬라오스의 아내였기에 그리스인들이 헬레네를 되찾으려는 트로이 전쟁이 시작됐다. 파리스는 아프로디테의 가호로 많은 적을 죽였고, 아킬레스의 유일한 급소인 발뒤꿈치를 활로 쏘아 그를 쓰러뜨렸다. 그러나 그도 필록테테스의 독화살을 맞고 치명적인 부상을 당하자 자신이 버린 아내 오이노네를 찾아가지만 버림받았던 아내는 서운한 마음에 그의 치료를 거부하고, 파리스는 트로이로 돌아오는 길에 죽는다. 싸늘한 남편의 시신을 본 오이노네도 목을 매 자살한다.

파시파에 pp. 98-99

대양신 헬리오스의 딸들을 지칭하는 헬리아데스의 하나로 미노스의 아내였다. 남편 미노스는 포세이돈의 도움으로 왕이 됐으나 약속과 달리 포세이돈이 보내준 황소를 제물로 바치지 않고 속임수를 쓰자 그에 대한 벌로 포세이돈은 파시파에로 하여금 그 황소에게 욕정을 느끼게 했다. 파시파에는 전설적인 장인 다이달로스에게 도움을 청했고, 그는 실물과 똑같은 암소를 만들어줬다. 파시파에는 이 암소 안으로 들어가 황소와 관계를 맺어 반인반우 괴물 미노타우로스를 낳았다. 미노타우로스는 다이달로스가 만든 미궁에 갇힌 채 아테네에서 몇 년마다 한 번씩 공물로 보내는 소년과 소녀를 먹고 살다가 아테네의 왕자 테세우스 손에 죽었다. 파시파에의 조카인 메데이아는 신비로운 약초를 사용하는 마법에 능했는데, 파시파에 또한 마법을 할 줄 알았다. 미노스 왕은 파시파에 몰래 여러 여인과 관계를 맺었는데 질투심과 소유욕이 강한 파시파에는 미노스가 다른 여인과 동침할 때마다 마법을 걸어 미노스의 몸에서 뱀이나 전갈이 나오게 해서 여인들을 죽게 했다.

파트로클로스 p. 144

메노이티오스의 아들이자 아이기나의 손자로, 아킬레우스와는 친구이자 친척이다. 파트로클로스는 어린 시절 실수로 친구를 죽였고, 복수를 우려한 아버지 메노이티오스는 아들을 친척인 펠레우스에게 맡겼고, 파트로클로스는 거기서 아킬레우스와 깊은 우정을 맺었다. 이후 두 사람은 둘도 없는 친구가 되어 트로이 전쟁에도 함께 참가한다. 파트로클로스는 아킬레우스가 아가멤논과 불화로 전투에서

손을 떼자 자신도 싸움터에서 물러나야 했다. 그리스군이 헥토르가 지휘하는 트로이군에게 고전을 면치 못하자 파트로클로스는 아킬레우스에게 참전을 요청하지만, 그의 마음을 돌리지는 못한다. 이에 파트로클로스는 아킬레우스에게 갑옷과 무기를 빌려 전쟁터로 나갔다. 트로이군은 아킬레우스가 나타난 줄로 알고 사기가 꺾여 후퇴하기 시작했다. 파트로클로스는 사르페돈을 죽이고 헥토르의 마부인 케브리오네마저 죽였고, 후퇴하는 트로이군을 쫓아 적진으로 뛰어든다. 그러나 곧 트로이군의 반격을 받아 결국 헥토르의 창에 찔려 숨을 거둔다. 파크로클로스가 죽자 아킬레우스의 갑옷은 헥토르의 손에 들어갔다. 시체는 메넬라오스와 대(大) 아이아스가 결국 되찾아왔다. 파트로클로스의 죽음으로 아킬레우스는 친구에 대한 복수를 다짐하며 트로이군과 헥토르에게 복수할 때까지 친구의 장례를 치르지 않겠다고 맹세한다. 헥토르를 죽이고 나서 치러진 파트로클로스의 장례에서 아킬레우스는 말 4마리와 개 2마리, 그리고 사로잡은 트로이 청년 12명도 함께 장작더미에 던져 화장했다.

판 pp. 10, 12-13

헤르메스와 나무의 님페 드리옵스 사이에서 태어난 아들로 어머니는 자기가 낳은 아기를 보고 놀라서 내다 버렸다고 한다. 머리에 뿔이 나고 발에는 발굽이 달린 괴물 형상이었기 때문이다. 하지만 헤르메스는 아이를 올림포스로 데려가 다른 신들에게 자랑스럽게 보여줬고, 디오니소스를 비롯한 신들은 모두 아이를 보며 즐거워했다. 신들은 '전부'를 즐겁게 했다는 뜻에서 아이에게 '판'이라는 이름을 붙여줬다. 성격은 변덕스럽고 화를 잘 내며 사람이나 동물에게 갑자기 나타나 겁을 준다. 판은 갈대 피리 시링크스(팬파이프)를 늘 지니고 다니며 춤과 음악을 즐기고, 여색을 밝힌다. 시링크스는 아르테미스를 모시는 님페였다. 외모가 아름다운 그녀를 모두 사랑했다. 시링크스는 어느 날 숲에 사냥하러 갔다가 판과 마주쳤다. 호색한 판은 시링크스를 보자마자 첫눈에 반해 그녀를 유혹하려고 했고, 시링크스는 있는 힘을 다해 도망쳤다. 하지만 발이 빠른 판은 곧 그녀를 따라잡았다. 다급해진 시링크스는 물의 님페들에게 구원을 청했고, 그녀들은 시링크스의 청을 들어줘서 한 묶음 갈대로 변신시켰다. 판이 아쉬움에 한숨을 내쉬자 갈대에서는 구슬픈 소리가 울렸고, 판은 그 감미로운 소리에 매료돼 그 갈대로 피리를 만들었다. 그리고 늘 몸에 지니고 다녔다. 매일 시링크스를 연주하며 솜씨가 는 판은 음악의 신 아폴론에게 도전장을 낸다. 판과 아폴론은 트몰로스산에서 여러 관객이 모인 가운데 경연을 펼쳤고, 심판은 트몰로스 산신이 맡았다. 하지만 판의 자연스럽고 고혹적인 피리 소리도 아폴론의 우아하고 섬세한 리라 연주에 견주기는 어려웠다. 둘의 연주가 끝나자 심판은 지체 없이 아폴론의 승리를 선언했다.

페가수스 pp. 27, 105-106

날개 달린 백마 페가수스의 어머니는 메두사이며 아버지는 포세이돈으로 알려졌다. 페가수스는 페르세우스가 메두사의 목을 잘랐을 때 그 목에서 떨어진 피에서 태어났다. 그리고 태어나자마자 곧바로 제우스신의 번개 나르는 역할을 맡아 하늘을 달리게 됐다. 페가수스는 성질이 몹시 난폭해서 아무도 그의 등에 올라탈 수 없었다. 그러나 아테나의 황금 고삐를 걸 수만 있다면 페가수스를 탈 수 있다고 전해졌다. 그리고 실제로 그것에 성공한 경우도 있다. 이렇게 페가수스를 탈 수 있었던 자는 비운의 영웅 벨레로폰이다. 그는 이 고삐로 페가수스를 훈련하는 데 성공하여 페가수스를 타고 괴물 키마이라를 퇴치할 수 있었다. 벨레로폰은 페가수스를 타고 여러 가지 모험과 체험을 하는데 종국에는 허영심 때문에 신들의 미움을 사서 페가수스에서 낙마해 지상으로 추락한다. 그 후에 페가수스는 아폴론의 말이 됐다.

페넬로페 pp. 78-80

이타카의 왕 오디세우스와 결혼하여 아들 텔레마코스를 낳았다. 오디세우스는 원래 미녀 헬레네의 구혼자 중 한 명이었다. 하지만 그리스 최고의 미녀와 결혼하기 위해 그리스 전역에서 구혼자들이 엄청난 결혼 선물을 싸 들고 몰려들었기에 가난한 이타카 출신으로 자신에게 기회가 없음을 일찌감치 간파한 오디세우스는 헬레네에 대한 구혼을 포기했다. 그 대신 그는 헬레네의 사촌인 이카리오스의 딸 페넬로페를 신붓감으로 점찍고, 그녀를 얻기 위해 헬레네의 아버지 틴다레오스에게 현명한 제안을 했다. 틴다레오스는 헬레네의 구혼자들이 모두 대단한 영웅호걸인데 선택받지 못하면 모욕당했다고 느껴 전쟁이라도 일으킬까 봐 두려워하고 있었다. 그는 약혼자를 정하기 전에 모든 구혼자가 누가 남편으로 선택받든 그 권리를 인정하고 부부를 지켜주겠다는 서약을 받아내도록 했다. 오디세우스의 묘책은 성공했고, 틴다레오스는 약속대로 오디세우스가 페넬로페와 결혼할 수 있게 도와줬다. 결혼 후 스파르타 왕 메넬라오스의 아내가 된 헬레네가 트로이 왕자 파리스에게 납치되어 트로이로 떠나자 트로이와 그리스 사이에 전쟁이 벌어졌다. 메넬라오스는 헬레네의 옛 구혼자들에게 자신과 헬레네 부부를 지켜주기로 한 '구혼자의 서약'을 상기시키며 참전을 요구했다. 오디세우스가 전쟁터로 떠나자 그의 늙은 어머니 안티클레이아는 멀리 떠난 아들을 애통해하다 세상을 떠났고, 아버지 라에르테스는 시골에 들어가 은둔했다. 전쟁이 끝나고 여러 해가 흘렀는데도 오디세우스가 돌아오지 않자, 인근의 귀족들이 오디세우스의 재산과 지위를 탐하여 페넬로페에게 결혼을 요구하기 시작했다. 구혼자들의 수는 곧 100여 명에 이르렀다. 이들은 오디세우스의 궁에 머물면서 축제를 벌이고 그의 재산을 탕진했다. 구혼자들의 결혼 요구에 시달리던 페넬로페는 죽을 때가 머지않은 시아버지 라에르테스를 위해 수의를 짜는 중인데 그 일이 끝나면 구혼자 중 한 사람을 남편으로 맞이하겠다고 공표했다. 하지만 페넬로페는 낮에 짠 천을 밤에 몰래 다시 풀어버리기 계속하면서 시간을 끌었다. 결국 구혼자들의 요구를 물리칠 수 없게 된 페넬로페는 그들을 모두 모이게 한 뒤 남편 오디세우스가 남겨두고 간 활에 시위를 걸어 화살로 열두 개의 도끼 자루 구멍을 모두 꿰뚫는 사람을 새 남편으로 선택하겠다고 했다. 하지만 구혼자들 중 아무도 오디세우스의 활에 시위를 걸지 못했다. 오디세우스의 활에 시위를 걸어 도끼를 꿰뚫은 사람은 초라한 행색의 거지였다. 하지만 이 거지는 그 무렵 이미 고향 이타카에 도착해서 거지로 변장하고 구혼자들 틈에 섞여 있던 오디세우스였다. 그는 페넬로페가 시녀들과 함께 거처로 들어가자 그사이 건강한 청년으로 성장한 아들 텔레마코스와 충직한 하인들의 도움을 받아 궁궐 마당을 폐쇄한 뒤 그 자리에 모여 있던 100여 명의 구혼자를 모두 죽였다.

페르세우스 p. 9

페르세우스는 아름다운 다나에와 황금비로 변신한 제우스 사이에 태어난 아들이다. 다나에의 아버지 아르고스의 왕 아크리시오스는 왕위를 이을 왕자가 없어 신탁을 고민하던 중, 딸이 낳은 아들 즉 외손자에 의해 죽임을 당할 것이라는 신탁을 받았다. 이에 아크리시오스 왕은 아직 결혼하지 않은 다나에를 아무도 접근할 수 없는 청동 탑에 가뒀다. 그러나 제우스는 황금비로 변신하여 지붕 틈새로 탑 안에 스며들었고 다나에는 제우스와의 관계에서 임신하여 훗날 영웅이 된 페르세우스를 낳았다. 아크리시오스 왕은 다나에와 그녀의 아들 페르세우스를 상자에 넣어 바다에 던져버렸다. 제우스의 부탁을 받은 포세이돈은 다나에 모자가 들어 있는 상자가 세리포스섬에 도착하도록 안전하게 보호해줬다. 세리포스섬의 왕 폴리덱테스의 동생인 어부 딕티스가 상자를 발견하고는 두 모자를 극진하게 보살펴준다. 그런데 딕티스의 형인 폴리덱테스 왕이 다나에를 사랑하여 그녀와 결혼하고자 하지만 이제 성년이 된 페르세우스가 다나에를 지켜준다. 폴리덱테스는 다나에와의 결혼에 방해가 되는 페르세우스를 없애기 위해 계략을 꾸며 그에게 고르곤의 머리를 가져오라는 임무를 내린다. 고르고네스(단수형은 고르곤 혹은 고르고) 3자매는 얼굴이 흉측하고 머리카락 한 올 한 올이 실뱀으로 되어 있으며, 멧돼지의 어금니가 나 있다. 그리고 고르고네스의 눈을 바라보는 사람은 돌로 변해버린다. 고르고네스가 있는 곳은 오직 친언니들인 그라이아이만이 알고 있는데, 이들은 눈이 하나밖에 없어 번갈아가며 눈을 사용한다. 아테나 여신의 조언에 따라 페르세우스는 그라이아이가 살고 있는 동굴로 찾아가 하나밖에 없는 눈을 훔친다. 이에 그라이아이는 어쩔 수 없이 동생인 고르곤 세 자매가 사는 곳을 알려준다. 페르세우스는 임무를 완수한 후에 그라이아이의 눈을 돌려주지 않고 호수에 던졌다고 한다. 아테나는 페르세우스를 도와 그가 메두사를 처단하는 것을 도와준다. 메두사의 모습은 직접 보게 되면 누구나 돌로 변하는 법! 페르세우스는 아테나 여신의 도움을 받아 메두사의 목을 베는 데 성공한다. 메두사의 목을 벤 페르세우스는 나중에 그 목을 아테나 여신에게 바친다. 이렇게 해서 메두사의 목은 아테나 여신의 방패에 장식으로 들어가게 되며, 메두사는 죽어서도 아테나 여신의 방패 속에서 여신의 권위와 용맹에 대한 상징물이 된다.

페르세포네 pp. 7, 76, 149
제우스와 대지의 여신 데메테르 사이에 태어난 페르세포네는 절세의 미인이어서 어머니는 딸을 안전하게 지키기 위해 시칠리아섬에 숨겨뒀다. 숲에서 오케아노스의 딸들과 놀던 페르세포네는 어여쁜 수선화가 핀 것을 보고 다가갔다가 그만 하계의 신 하데스에게 납치되고 만다. 그 수선화는 제우스가 은밀히 하데스의 소망을 들어주기 위해서 그곳에 놓아둔 것이었다. 딸이 사라지자 데메테르는 온 그리스를 돌아다니며 애타게 딸을 찾았다. 아무리 애를 써도 딸을 찾을 수 없자 분노한 데메테르는 대지에 극심한 가뭄을 일으켰다. 지상에서는 초목이 시들고 곡식은 말라 죽어 굶어 죽는 사람들이 생겼다. 제우스는 하데스에게 페르세포네를 어머니에게 돌려보내라고 명했다. 하지만 그것은 불가능한 일이었다. 하계에 있는 동안 페르세포네는 하데스가 건네는 석류를 한 알 먹었기 때문이었다. 페르세포네를 돌려주기 싫었던 하데스가 하계의 음식을 입에 댄 사람은 그곳을 떠날 수 없다는 규칙을 이용해서 이미 손을 써 놓았던 것이다. 대지를 온통 불모지로 만들며 딸의 귀환을 요구하는 데메테르와 하계의 규칙을 구실로 페르세포네를 내줄 수 없다는 하데스 사이에서 고민하던 제우스는 절충안을 내놓았다. 페르세포네에게 1년의 3분의 2는 지상에서 어머니와 함께 살지만, 나머지 3분의 1은 하계에서 하데스의 왕비로 지내라는 것이었다. 데메테르와 하데스는 하는 수 없이 제우스의 제안을 받아들였다. 그래서 페르세포네가 하계로 가고 없는 동안 데메테르는 슬픔에 빠져 지상을 돌보지 않았고, 페르세포네가 하계에서 올라오면 기쁨에 넘쳐 대지에 다시 온갖 생명이 자라나게 했다. 페르세포네의 또 다른 이름인 '코레'는 씨앗을 뜻하는 영어 'core'의 어원이기도 하다. 씨앗은 땅속에 묻혀 있다가 새로운 생명으로 재탄생하고 다시 씨앗으로 땅속에 묻히는 과정을 반복하면서 이 세상을 풍요롭게 만든다. 그래서 페르세포네는 하데스와 함께 부와 풍요를 상징하는 신으로 추앙받는다.

펜테실레이아 p.61

아마조네스의 여왕 오트레레가 군신 아레스와 정을 통해 낳은 딸로 히폴리테와 자매지간이다. 아킬레우스가 트로이 최고의 장수 헥토르를 죽이고 전세가 그리스군 쪽으로 기울 무렵, 펜테실레이아가 아마조네스 여전사들을 이끌고 트로이의 왕 프리아모스를 도우러 왔다. 트로이와 사이가 좋지 않았던 아마조네스가 트로이를 도우러 온 데에는 그럴 만한 이유가 있었다. 펜테실레이아는 숲에서 사슴 사냥을 하다가 그만 실수로 자신의 동생 히폴리테를 창으로 찔러 죽이고 자책감에 몹시 괴로워했는데 프리아모스가 그녀의 죄를 씻어줬던 것이다. 전투에 나선 펜테실레이아는 아킬레우스를 무서운 용맹을 과시했다. 수많은 그리스 병사가 그녀의 창에 추풍낙엽처럼 쓰러졌다. 그리스군의 맹장 대(大) 아이아스도 그녀의 기세를 꺾지 못했다. 아이아스는 아킬레우스에게 도움을 청했다. 아킬레우스가 나타나자 펜테실레이아는 곧장 그를 향해 달려갔지만, 그녀는 아킬레우스의 적수가 되지 못했다. 아킬레우스가 던진 창은 단박에 그녀의 오른쪽 젖가슴을 꿰뚫어버렸다. 펜테실레이아는 그 자리에서 즉사했다. 관습대로 패장의 투구와 갑옷을 벗긴 아킬레우스는 깜짝 놀라고 말았다. 죽은 펜테실레이아의 모습이 너무나 아름다웠던 것이다. 자신의 희생자에게 애틋한 연민을 느낀 아킬레우스는 달아나는 트로이군을 더는 추격하지 않고 그녀의 시신을 수습하여 트로이 성으로 보내줬다. 프리아모스 왕은 자신을 돕기 위해 왔다가 죽은 펜테실레이아에게 성대한 장례식을 베풀어줬다.

펠레우스 p.143

아이기나섬의 왕 아이아코스와 스키론의 딸 엔데이스 사이에서 태어났다. 젊은 시절 친형 텔라몬과 함께 이복동생 포코스를 죽인 죄로 아버지 아이아코스에 의해 고향 아이기나섬에서 추방당했다. 텔라몬은 살라미스로 갔고, 펠레우스는 테살리아 지방의 프티아로 갔다. 펠레우스는 프티아의 왕 에우리티온의 궁으로 가서 죄를 씻었고, 왕은 펠레우스에게 딸 안티고네(혹은 폴리멜레)와 나라의 3분의 1을 내줬다. 하지만 펠레우스가 칼리돈의 사냥에 참가했다가 실수로 장인을 죽이면서 그곳에서도 추방되어 이번에는 이올코스의 왕 아카스토스의 궁으로 갔다. 아카스토스는 펠레우스와 함께 아르고호 원정에 참여했던 인물이다. 그런데 다시 문제가 발생했다. 아카스토스의 아내 아스티다메이아가 펠레우스에게 반한 것이다. 그녀는 은밀하게 펠레우스를 유혹했지만, 아카스토스의 우정을 배신할 수 없었던 펠레우스는 아스티다메이아의 마음을 받아주지 않았다. 화가 난 아스티다메이아는 펠레우스가 자신을 겁탈하려 했다고 남편에게 모함했을 뿐 아니라 펠레우스의 아내 안티고네에게 사람을 보내 그녀의 남편이 자신의 딸 스테로페와 결혼하려 한다는 거짓 소식을 전했다. 낙심한 안티고네는 스스로 목을 매고 죽었다. 아카스토스는 자기 손으로 죄를 씻어준 펠레우스를 직접 죽이고 싶지 않았으므로 다른 방식으로 그를 죽이기로 했다. 아카스토스는 펠레우스와 함께 펠리온산으로 사냥을 나갔다. 그리고 날이 어두워지자 그는 지쳐 잠든 펠레우스를 펠리온산에 홀로 남겨둔 채 집으로 돌아왔다. 펠레우스는 곧 펠리온산에 사는 포악한 켄타우로스들에게 포위당하고 말았다. 그는 맞서 싸우려고 헤파이스토스가 만들어준 자신의 칼을 찾았지만, 칼도 없었다. 아카스토스가 몰래 소똥 속에 감춰뒀던 것이다. 하지만 켄타우로스족의 현자 케이론이 숨겨둔 칼을 되찾아준 덕분에 펠레우스는 위기에서 벗어날 수 있었다. 자기 나라로 돌아간 펠레우스는 복수를 다짐하고 아르고호 원정에 함께 했던 이아손에게 도움을 청했다. 아카스토스와 그의 아버지 펠리아스에게 빼앗긴 이올코스의 왕권을 되찾을 기회를 엿보던 이아손은 펠레우스를 도와 이올코스를 공격했다. 펠레우스와 이아손은 전쟁에서 승리했고 아스티다메이아는 남편과 함께 죽임을 당했다. 펠레우스는 아스티다메이아의 시체를 갈가리 찢어서 길바닥에 뿌린 뒤 그것을 밟으며 이올코스에 입성하는 잔인함을 보였다. 펠레우스는 이올코스를 이아손의 아들 테살로스에게 넘겨주고 자신은 프티아로 돌아가서 그곳의 왕국을 손에 넣었다. 이때부터 이올코스 주변 지역은 테살로스의 이름을 따서 테살리아라고 불렸다. 펠레우스는 해신 네레우스의 딸 테티스와 결혼했다. 여기에서 태어난 아들이 바로 트로이의 영웅 아킬레우스다. 펠레우스와 테티스의 결혼식에는 올림포스의 모든 신들이 초대됐으나 불화의 여신 에리스만은 초대받지 못했다. 이에 분노한 에리스가 불청객으로 연회장에 찾아와 던져 준 것이 유명한 파리스의 황금 사과였고, 그렇게 트로이 전쟁이 벌어졌다.

펠롭스 pp. 106, 135

탄탈로스는 올림포스 신들의 예지력을 시험하려고 아들 펠롭스를 토막 내 요리한 뒤에 식탁에 올렸지만, 신들은 곧바로 알아차리고 요리에 입도 대지 않았다. 그러나 딸을 잃은 슬픔에 정신이 없던 데메테르는 아무 생각 없이 펠롭스의 어깨의 일부분을 먹었다. 신들은 펠롭스의 토막 난 사지를 맞춰 그를 다시 살려내고 데메테르가 먹은 어깨는 상아로 대치했다. 고향을 떠난 펠롭스는 피사의 왕 오이노마오스에게로 간다. 그는 그곳에서 피사의 공주 히포다메이아에게 청혼한다. 오이노마오스 왕은 누구도 사위로 맞을 마음이 전혀 없었기에 목숨을 바칠 각오를 하지 않고는 히포다메이아에게 청혼할 수가 없었다. 오이노마오스 왕은 구혼자들을 물리치기 위해 한 가지 계략을 생각해내는데, 구혼자는 전차 경주를 해서 자기를 이겨야 하고, 진다면 목숨을 내놓아야 한다고 공표했다. 그렇게 목숨을 잃은 자가 열두 명이나 됐다. 펠롭스 역시 구혼자 대열에 들어 있었다. 오이노마오스의 딸 히포다메이아는 잘생긴 펠롭스에게 반했고 아버지의 마부인 미르틸로스를 설득해 펠롭스를 돕게 했다. 히포다메이아를 사랑한 미르틸로스는 그녀를 기쁘게 해주고자 왕의 마차 바퀴의 축을 풀어놓는다. 결국 오이노마오스는 경주 중에 말고삐에 몸이 감겨 목숨을 잃는다. 펠롭스는 오이노마오스의 뒤를 이어 피사의 왕이 됐다.

펠리아스 pp. 22-24

살모네우스 왕의 딸 티로가 포세이돈과 정을 통해 낳은 쌍둥이 아들 중 하나이며, 또 다른 아들은 넬레우스다. 티로는 원래 강의 신 에니페우스를 사랑했지만, 그는 그녀의 사랑을 받아주지 않았다. 그러던 차에 티로를 마음에 두고 있던 포세이돈이 에니페우스의 모습으로 변신하여 접근했고, 티로는 그와 사랑을 나누어 쌍둥이 아들을 낳았다. 얼마 뒤 이올코스의 왕 크레테우스와 결혼하게 된 티로는 두 아들을 몰래 길에 버렸는데 지나가던 마부들이 아이들을 발견하고 데려가 길렀다. 이때 얼굴에 말발굽에 차인 상처가 생긴 바람에 '펠리아스'라는 이름이 붙여졌다. 성인이 되어 부모에 대한 진실을 알게 된 두 아들은 어머니를 찾아갔다. 그리고 펠리아스는 그때까지도 어머니 티로를 괴롭히고 있던 그녀의 계모 시데로를 죽였다. 시데로는 헤라 여신의 신전으로 피신했지만, 펠리아스는 아랑곳하지 않고 신전 안까지 쫓아가서 살해했고, 펠리아스는 이 일로 헤라 여신의 진노를 샀다. 티로는 크레테우스 왕과의 사이에서 아이손, 페레스, 아미타온 세 아들을 낳았다. 그런데 이들이 아직 어릴 때 크레테우스 왕이 죽자 펠리아스와 넬레우스는 적법한 왕위 계승권이 있는 이부형제(異父兄弟)들을 제치고 서로 왕위를 차지하려고 싸웠다. 결국 펠리아스는 넬레우스를 몰아내고 권력을 획득했고 쫓겨난 넬레우스는 메세니아로 가서 필로스 왕국을 세웠다. 넬레우스를 쫓아낸 펠리아스는 크레테우스 왕의 맏아들 아이손을 동굴에 유배시키고 다른 두 아들 페레스와 아미타온은 넬레우스와 마찬가지로 나라에서 내쫓은 뒤 이올코스의 왕위에 올랐다. 나중에 아이손이 어른이 되면 왕위를 돌려주겠다고 했지만, 펠리아스는 약속을 지키지 않았다. 아이손은 유배 생활 중에 필라코스 왕의 딸 알키메데와 결혼하여 아들 이아손을 낳았다. 아이손은 아들을 펠리아스의 손에서 지키기 위해 알키메데가 사산했다고 속이고 이아손을 몰래 켄타우로스 족의 현자 케이론에게 보내 교육시켰다. 건장한 청년이 된 이아손은 이올코스의 왕위를 되찾으러 갔다. 펠리아스는 이아손에게 황금 양털을 가져오라는 명령을 내렸다. 펠리아스는 자신의 왕권을 더욱 공고히 하려고 이복동생 아이손과 그의 아내 알키메데를 제거하려고 했다. 그는 아르고호가 침몰해서 이아손이 죽었다는 거짓 소식을 전했고, 아이손은 스스로 죽음을 택하여 독을 마셨다. 알키메데는 펠리아스에게 저주를 퍼붓고 목을 맸다. 얼마 뒤 황금 양털을 가지고 돌아온 이아손은 부모의 죽음을 전해 듣고 복수를 다짐했다. 이아손의 복수는 그사이 그의 아내가 된 마녀 메데이아를 통해서 이루어졌다. 메데이아는 홀로 이올코스 궁전을 찾아가 늙어가는 펠리아스를 다시 젊게 만들 수 있다며 그의 딸들을 설득했다. 메데이아는 이를 증명하기 위해 직접 늙은 숫양을 죽여 잘게 썬 뒤 끓는 물에 마법의 약초들과 함께 넣고 삶았다. 그리고 잠시 후 솥뚜껑을 열자 팔팔한 어린 양이 튀쳐나왔다. 이것을 본 펠리아스의 딸들은 메데이아가 가르쳐 준 대로 아버지를 솥에 넣고 삶았지만, 펠리아스는 다시 살아나지 않았다. 펠리아스의 딸들은 자신들이 저지른 짓에 경악하여 아르카디아로 달아났고, 이아손은 펠리아스의 아들 아카스토스의 보복이 두려워 왕권을 그에게 양보하고 메데이아와 함께 코린토스로 갔다.

포세이돈　pp. 25-27, 34, 45, 98, 113, 128-129, 133, 148

제우스 다음으로 강력한 신인 포세이돈은 말의 신이기도 하고 바다의 신이기도 하다. 포세이돈은 말을 창조한 신이기도 하고, 말로 변신한 적도 있었다. 데메테르 여신에게 욕정을 품고 접근했을 때 그녀가 포세이돈에게서 벗어나려고 암말로 변신하자 포세이돈 또한 수말로 변신하여 데메테르와 관계를 맺었다. 그리고 이 결합에서 바람처럼 빨리 달리고 말까지 하는 신마 아레이온이 태어났다. 포세이돈은 메두사와의 사이에도 신마를 낳았다. 보기만 해도 돌로 변해버리는 무시무시한 괴물 메두사는 원래 아름다운 여인이었다. 포세이돈은 아테네에 있는 아테나 여신의 신전에서 메두사와 사랑을 나눈 적이 있다. 이는 아테네시를 두고 경쟁 관계에 있는 아테나 여신을 도발하기 위한 행위였다. 아테나 여신이 포세이돈을 벌할 수는 없는 일이므로 메두사를 끔찍스러운 괴물로 만들어버렸다. 메두사는 아테나의 도움을 받은 페르세우스에 의해 목이 잘렸다. 목이 잘리는 순간 메두사는 포세이돈과의 관계에서 생긴 날개 달린 말 페가수스를 낳았다. 그러나 '막강한' 포세이돈은 말의 신보다는 바다의 신으로 숭배됐다. 이때부터 포세이돈의 힘을 상징하는 것은 어부들이 커다란 고기를 잡을 때 사용하는 작살 모양의 삼지창이었다. 포세이돈이 바다의 지배권을 갖게 된 시기는 제우스를 중심으로 한 포세이돈의 형제들 즉, 올림포스 신들이 티탄 신족을 물리친 이후였다. 티탄 신족들과의 싸움에서 승리한 후 포세이돈은 형제인 제우스, 하데스와 각자의 지배 영역을 제비를 뽑아 결정하기로 했다. 그 결과 제우스는 하늘, 포세이돈은 바다, 하데스는 지하세계를 맡고, 지상은 공동으로 맡기로 했다. 포세이돈은 여자 문제에서도 제우스에 못지않게 많은 여신과 님페, 인간 여성과 관계를 맺어 수많은 자식을 낳았다. 페가수스, 외눈박이 거인 폴리페모스, 악명 높은 어부 나우플리오스 등이 그의 자손이다. 포세이돈은 대양의 신 네레우스의 딸 암피트리테와 결혼해서 트리톤을 낳았다.

폰토스   pp. 83-84
'폰토스'는 그리스어로 '바다'를 뜻하며, 이름에서 알 수 있듯이 바다가 의인화된 신이다. 그리스의 천지창조 신화에서 카오스와 더불어 주역의 역할을 하는 대지의 여신 가이아가 사랑의 짝 없이 홀로 낳은 아들 중 한 명이다. 가이아가 사랑을 나누지 않고 혼자 힘으로 낳은 다른 아들로는 '하늘'의 의인화된 신 우라노스와 '산(山)'의 의인화된 신인 우레아가 있다. 어머니 가이아와의 사이에서 '바다의 노인'으로 불리는 네레우스, 타우마스, '바다의 괴물'로 불리는 케토, 포르키스, 에우리비아를 낳는다.

폴로스   p. 103
사티로스의 우두머리 실레노스와 물푸레나무 님페 사이에서 태어났다. 폴로스도 켄타우로스 일족으로 아버지를 닮아 매우 지혜로웠다. 폴로스는 올림피아 성역에 속한 폴로에산에 살고 있었다. 헤라클레스는 에우리스테우스가 부과한 네 번째 과업을 완수하려 에리만토스의 괴물 멧돼지를 사냥하러 가는 길에 폴로에산을 지나다가 폴로스를 만났고, 그는 기꺼이 헤라클레스를 자기 동굴에 초대했다. 폴로스의 환대에 기분이 좋아진 헤라클레스는 폴로스에게 항아리에 담긴 포도주를 마시자고 했다. 그것은 켄타우로스들의 공동 소유여서 폴로스가 마음대로 결정할 일이 아니었으나 결국 항아리를 열었다. 그러자 술 냄새를 맡고 흥분한 다른 켄타우로스들이 돌과 횃불을 들고 몰려들어 헤라클레스를 공격했다. 싸움이 시작되자 헤라클레스는 활을 쏘아 그들을 제압했다. 폴로스는 시체에서 화살을 빼내며 이 작은 물건이 덩치 큰 동료들을 쓰러뜨렸다는 사실에 놀랐다. 그러나 손에서 미끄러져 떨어진 화살이 발등에 꽂혀 폴로스는 그 자리에서 죽고 말았다. 헤라클레스는 폴로스를 잘 묻어준 뒤 멧돼지를 잡기 위해 다시 길을 떠났다.

폴리데우케스 pp. 23, 137

폴리데우케스는 스파르타의 왕 틴다레오스의 아내인 레다가 백조로 변신한 제우스와 사랑을 나누어 낳은 아들로 카스토르, 헬레네, 클리타임네스트라와 형제지간이다. 이들 네 형제의 탄생에 관해서는 여러 가지 설이 있다. 레다는 백조로 변신한 제우스에게 유혹되어 정을 통한 뒤 같은 날 밤 틴다레오스 왕과도 잠자리를 가졌다. 그리고 나서 두 개의 알과 두 명의 아기를 낳았는데, 두 아기는 카스토르와 클리타임네스트라이고 두 개의 알에서는 폴리데우케스와 헬레네가 태어났다. 그리하여 카스토르와 클리타임네스트라는 틴다레오스 왕의 자식이고 알에서 태어난 폴리데우케스와 헬레네는 백조로 변신한 제우스의 자식이라고 한다. 폴리데우케스와 카스토르는 동시에 태어난 쌍둥이 형제로 '디오스쿠로이(제우스의 자식들)'라고 불리며 남다른 우애를 과시했다. 폴리데우케스와 카스토르는 거친 모험을 즐기는 건장하고 용감한 청년으로 성장한 뒤 늘 함께 붙어 다니며 여러 유명한 모험과 사건에서 이름을 알렸다. 그들은 이아손이 이끄는 아르고호 원정대에 참여해서 황금 양털을 찾으러 콜키스에 다녀왔고, 칼리돈의 멧돼지 사냥에도 참가했다. 또 테세우스가 누이 헬레네를 납치해 가자 아테네를 공격하여 직접 누이 헬레네를 찾아오기도 했다. 이때 테세우스는 친구 페이리토오스와 함께 페르세포네를 얻기 위해 하계로 내려가 있는 중이었다. 디오스쿠로이 형제는 헬레네를 데려올 때 테세우스의 어머니 아이트라를 포로로 끌고 오고, 테세우스의 아들들을 쫓아내고 메네스테우스를 아테네의 왕위에 앉히기도 했다. 이들은 이다스, 린케우스 형제와 함께 소 떼를 훔쳤는데 소를 한 마리 잡아서 넷이 함께 식사를 할 때 이다스가 각자 몫인 소 4분의 1마리를 가장 빨리 먹어 치우는 사람이 소 떼의 반을 갖고 두 번째로 빨리 먹은 사람이 나머지 반을 갖도록 하자고 제안했다. 그러나 식성에 관한 한 이다스와 린케우스를 도저히 따를 수 없었던 폴리데우케스와 카스토르 형제는 고스란히 소 떼를 빼앗기고 말았다. 이 과정에서 이들 사이에 싸움이 벌어지고, 카스토르가 이다스의 손에 죽었고, 폴리데우케스도 죽음을 앞두고 있었다. 제우스는 이다스를 벼락으로 내리쳐 죽인 뒤 폴리데우케스를 천상으로 데려가 불사신으로 만들려고 했지만, 폴리데우케스는 카스토르가 하계의 어둠 속에 갇혀 있는데 자기만 불사의 행복을 누릴 수 없다며 아버지 제우스에게 그들이 함께 있을 수 있게 해달라고 간청했다. 제우스는 아들의 청을 받아들여 형제가 함께 절반은 하계에서 지내고 절반은 올림포스에서 지낼 수 있도록 허락했다. 나중에 제우스는 이들 형제를 하늘에 올려 보내 별자리로 만들었다(쌍둥이자리).

폴리페모스 pp. 27, 38, 133

포세이돈과 바다의 님페 토오사 사이에서 태어났다. 토오사는 해신 포르키스의 딸로 괴물 에키드나, 고르곤, 그라이아이 등과 자매지간이다. 폴리페모스는 외눈박이 거인족 키클로페스 중에서도 가장 크고 야만적이고 무서운 거인이었다. 시칠리아 동굴에서 양을 치며 살았는데, 트로이 전쟁을 끝내고 돌아가던 오디세우스 일행이 우연히 이 섬에 들러 폴리페모스가 양 떼를 몰고 나간 사이에 그의 동굴에 들어갔다가 안에 갇히고 말았다. 폴리페모스는 동굴에서 일행을 발견하고 두 명을 붙잡아 잡아먹더니 곧 잠이 들었다. 오디세우스는 잠든 폴리페모스를 죽이려 했지만, 곧 마음을 바꿨다. 동굴 입구를 막아 놓은 거대한 바위를 움직일 힘이 그의 일행에게는 없었기 때문이다. 오디세우스는 폴리페모스에게 맛있는 포도주를 권한 뒤 그가 술에 취해 떨어지자 말뚝으로 눈을 찔러 장님을 만들었다. 장님이 된 폴리페모스는 아침에 양 떼가 풀을 뜯으러 나갈 때 동굴 입구를 조금만 열고 양 떼를 일일이 손으로 만져서 확인하고 밖으로 내보냈다. 오디세우스 일행은 양의 배 밑에 몸을 묶고 무사히 밖으로 나갈 수 있었다. 오디세우스에 의해 눈이 멀기 전 폴리페모스는 바다의 님페 갈라테이아를 사랑하고 있었다. 갈라테이아는 해신 네레우스의 딸들인 아름다운 네레이데스 중에서도 가장 아름다운 님페였다. 그러나 갈라테이아는 열여섯 살 미소년 아키스를 사랑했다. 이를 알게 된 폴리페모스는 질투심으로 더욱 안달했고, 그럴수록 갈라테이아의 마음은 폴리페모스에게서 더욱 멀어졌다. 그러던 어느 날, 폴리페모스는 여느 때처럼 노을이 지는 해변 바위에 홀로 앉아 애타는 마음을 피리로 달래고 있었다. 그러다 북받쳐 오르는 감정을 주체하지 못하고 자리에서 일어나 이리저리 거닐던 폴리페모스는 해변에서 아키스의 가슴에 머리를 기대고 잠들어 있는 갈라테이아를 발견하고는 분노가 폭발했다. 그의 성난 목소리에 잠이 깬 연인 갈라테이아는 놀라 달아났고 폴리페모스는 산에서 커다란 바위를 뽑아 아키스를 향해서 던졌다. 바위는 그대로 아키스를 깔아뭉갰고, 바위 밑으로 붉은 피가 흘러나왔다. 슬픔에 잠긴 갈라테이아는 연인의 피를 맑은 강물이 되어 흐르게 했다. 이렇게 하여 아키스는 강의 신이 됐다.

프로메테우스 pp. 16, 68, 71, 93-95, 121

이름은 '먼저 생각하는 사람'이라는 뜻이다. 제우스가 감추어 둔 불을 훔쳐 인간에게 내줌으로써 인간에게 맨 처음 문명을 가르친 인물로 알려져 있다. 불을 도둑맞은 제우스는 복수하기로 작정하고, '판도라'라는 여성을 만들어 프로메테우스에게 보냈다. 이때 동생인 에피메테우스('나중에 생각하는 사람'이라는 뜻)는 형의 제지에도 불구하고 그녀를 아내로 삼았는데, 이로 인해 '판도라의 상자' 사건이 일어나고, 인류의 불행이 비롯됐다고 한다. 또한 그는 제우스의 장래에 관한 비밀을 제우스에게 밝혀 주지 않았기 때문에 코카서스(캅카스)의 바위에 쇠사슬로 묶여, 날마다 낮에는 독수리에게 간을 쪼여 먹히고, 밤이 되면 간은 다시 회복되어 다시 간을 쪼이는 영원한 고통을 겪게 됐다. 그러다가 마침내 영웅 헤라클레스가 독수리를 죽이고 자기 자식 헤라클레스의 위업을 기뻐한 제우스에 의해 고통에서 해방됐다. 한편, 그가 제우스의 노여움을 산 원인에 관해서는 제물(祭物)인 짐승 고기의 맛있는 부분을, 계략을 써 제우스보다 인간이 더 많이 가지도록 했기 때문이라는 설도 있다. 또한 인간을 흙과 물로 만든 것이 프로메테우스라는 전설도 있다.

프로크루스테스 p. 34

아테네의 왕 아이게우스는 신탁의 의미를 물으러 트로이젠의 예언자 피테우스를 찾아갔을 때 그의 딸 아이트라와 동침하여 테세우스를 낳았다. 아이게우스는 아이트라가 임신한 것을 알고는 커다란 바위가 있는 곳으로 데려가 바위를 들어 올리고 그 밑에 칼과 신발을 넣은 다음 아이가 바위를 들어 올릴 수 있을 만큼 자라면 아테네로 보내라고 말하고 트로이젠을 떠났다. 테세우스는 열여섯 살 때 벌써 그 바위를 들어 올려 그 밑에 있던 칼과 신발을 꺼내 들고 아버지를 만나러 긴 여행을 떠났고, 프로크루스테스는 테세우스가 이 여정에서 만난 악당이다. '프로크루스테스'는 '잡아 늘이는 자'라는 뜻이다. 포세이돈의 아들로 알려진 프로크루스테스는 아테네 인근 케피소스 강가에서 여인숙을 열어놓고 키 큰 손님이 오면 작은 쇠 침대를 내주고 작은 손님에게는 큰 쇠 침대를 내줬다. 그래서 몸이 침대보다 커서 밖으로 튀어나오면 머리나 다리를 톱으로 잘라내고, 작으면 몸을 잡아 늘여 죽였다. 테세우스는 이 악당의 여인숙에서 똑같은 방식으로, 침대 밖으로 튀어나온 그의 머리를 잘라 죽였다.

프리아모스 p. 153

어머니 스트리모는 강의 신 스카만드로스의 딸이다. 약속을 지키지 않기로 유명한 아버지 라오메돈 때문에 이름이 포다르케스에서 프리아모스로 바뀌었다. 라오메돈은 헤라클레스가 딸 헤시오네를 구해줬을 때에도 신마(神馬)를 주기로 한 약속을 지키지 않아 헤라클레스에게 트로이가 함락당하고 아들들이 목숨을 잃는 변을 당했다. 트로이의 왕위를 이어받아 통치하며 번영을 누렸으며 헥토르와 파리스를 비롯하여 여러 아들과 카산드라, 폴릭세네 등의 딸을 낳았다. 파리스가 태어날 때 그로 인하여 트로이가 멸망하리라는 예언을 들었으나 차마 죽이지 못하고 산속에 버렸는데, 결국 파리스 때문에 트로이전쟁이 일어났다. 프리아모스는 이 전쟁으로 13명의 아들을 잃고 왕국이 멸망하는 화를 입었지만, 전쟁의 원인이 된 헬레네를 벌하지 않을 만큼 온화한 노인이었다. 헥토르가 아킬레우스에게 죽었을 때는 마부 한 사람만 데리고 그리스 진영의 아킬레우스를 찾아가 헥토르의 시신을 찾아왔다. 트로이성이 함락되자 갑옷을 입고 그리스군과 싸우려 하였으나, 헤카베의 만류로 딸들과 함께 제우스 제단으로 피신했다. 이 때 자기 아들 폴리테스가 아킬레우스의 아들 네오프톨레모스에게 부상당하고 쫓기다가 죽는 장면을 목격했다. 프리아모스는 네오프톨레모스에 맞서 싸웠으나 결국 죽었다.

하데스 pp. 17, 26-27, 30, 45, 76, 135, 149-150

하데스는 크로노스와 레아 사이에서 난 맏아들로 다른 형제자매들처럼 태어나자마자 아버지 크로노스에게 잡아먹혔다. 하지만 어머니 레아가 크로노스에게 돌을 대신 삼키게 한 덕분에 가까스로 목숨을 구한 막내 제우스는 아버지가 삼킨 형제자매들을 다시 토해내게 한 다음 아버지 크로노스와 티탄 족을 상대로 10년에 걸친 전쟁을 벌였다. 제우스와 형제들은 타르타로스에 갇혀 있다 풀려난 키클로페스의 도움으로 전쟁에서 승리를 거둔 뒤 제비를 뽑아 세계를 나눠 가졌다. 그 결과, 제우스는 하늘을, 포세이돈은 바다를, 하데스는 지하세계를 각각 차지했다. 하데스의 나라는 지하세계로 종종 감옥으로 표현되지만, 기독교적 의미의 지옥과는 다르다. 죽은 자들은 생전과 비슷한 모습으로 실체 없는 그림자 같은 존재가 되어 하데스의 나라에서 지낸다. 하데스가 다스리는 나라에는 들어가면 다시는 나올 수 없지만, 단 한 번, 오르페우스의 노래를 듣고는 마음이 흔들려 오르페우스에게 아내를 지상으로 데려가도록 해준 적이 있다. 하데스는 페르세포네를 납치해서 데려갔고, 딸이 납치된 사실을 안 데메테르는 대지를 돌보지 않고 식음을 전폐한 채 슬퍼하며 지냈다. 그 바람에 대지는 꽃과 열매를 피우지 못하고 황폐한 땅이 됐다. 제우스는 하데스에게 딸을 어머니 품으로 돌려보내라고 명령하지만, 페르세포네는 이미 하데스의 권유로 석류를 먹고 난 뒤였다. 하계에 들어와 어떤 음식이라도 먹은 자는 지상으로 완전히 돌아갈 수 없었던 것이다. 그리하여 페르세포네는 1년의 3분의 1은 하계에 머물며 하데스와 함께 지내야 했다. 제우스, 포세이돈만큼이나 막강한 신이었던 하데스에게도 영웅 헤라클레스는 쉬운 상대가 아니었다. 그는 저승 문 앞에서 헤라클레스에 맞서 싸우다 어깨에 헤라클레스의 화살을 맞아 상처를 입는 바람에 치유의 신 파이안이 있는 올림포스로 서둘러 옮겨져야 했다. 파이안이 약초를 상처에 올려놓자 하데스는 회복됐다.

하르모니아 p. 60

전쟁의 신 아레스와 미와 사랑의 여신 아프로디테 사이에 태어났다. 하르모니아
의 남편 카드모스는 페니키아의 왕 아게노르와 텔레파사 사이에 태어났다. 카드
모스는 누이인 에우로페가 제우스에게 납치되자 누이를 찾아오라는 아버지의 명
에 따라 방방곡곡을 헤매고 다녔다. 누이를 찾지 못하면 돌아오지 말라는 아버지
의 엄명에 고향에 돌아가지 못하고 카드모스는 결국 테바이에 정착했다. 카드모
스는 신에게 제물을 바치기 위해 부하들에게 아레스의 샘에서 성스러운 물을 길
러오라고 했지만, 샘을 지키는 뱀에게 몰살당한다. 화가 난 카드모스는 그 뱀을 죽
였다. 그러자 아테나가 나타나 뱀의 이빨을 땅에 뿌리라고 명령했다. 카드모스가
그대로 하자, 땅에서 갑자기 무장한 군인들이 나타나 서로 싸우다 결국에는 5명만
남았다. 이들은 카드모스를 도와 도시의 성채를 건설하고 카드모스의 이름을 따
서 '카드메이아'라고 불렀다. 이 도시는 나중에 테바이가 됐고, 카드모스는 테바
이의 왕이 됐다. 그러나 카드모스와 하르모니아 사이에 태어난 자식들과 자손들
은 대부분 비참한 운명을 맞이하게 된다. 아우토노에의 아들 악타이온은 아르테
미스가 목욕하는 장면을 엿본 죄로 사슴으로 변해 자신의 사냥개들에게 갈기갈기
찢겨 죽고, 제우스의 애인이 된 세멜레는 제우스에게 진짜 모습을 보여달라고 간
청하다 재가 돼버렸다. 이노는 제우스의 자식인 조카 디오니소스를 기르다 헤라
의 노여움을 사서 미쳐버리는 등 카드모스의 자손들은 끔찍한 운명을 맞이했다.

헤라 pp. 6, 8, 24, 26, 45, 56, 62, 64-65, 68-69, 138-140

티탄 신족의 우두머리 크로노스와 레아 사이에서 태어난 6남매 중 한 명으로 제
우스의 정실부인이다. 올림포스 최고의 신 제우스의 부인으로서 헤라는 결혼생활
의 수호신이 됐다. 남편의 바람기 탓에 그녀는 드세고 질투심 많은 여성으로 인식
되지만, 또 한편으로는 정절을 지키며 일부일처제를 사회규범으로 삼은 그리스인
들에게 귀감이 되기도 했다. 또한 헤라는 여자들의 출산을 돕는 여신이기도 했다.
출산의 여신 에일레이티아가 그녀의 딸인 것도 그 때문이다. 헤라는 가정생활
의 수호신으로 남편이 바람을 피울 때마다 상대 여인과 그 자식을 벌한다. 그러나
헤라의 질투와 그에 따른 복수는 종종 잔인한 학대와 박해에 이르기도 했다. 제우
스의 아이를 잉태한 레토는 헤라의 저주를 받아 해산할 곳을 찾지도 못하고, 해산
자체를 할 수 없어 온갖 고초를 겪은 뒤에 아르테미스와 아폴론을 낳았다. 카드모
스의 아름다운 딸 세멜레는 헤라의 계략에 속아 제우스에게 본모습을 보여달라고
했고, 결국 천둥과 번개에 휩싸인 모습을 드러낸 제우스를 보고 세멜레는 그 자리
에서 타 죽었다. 제우스는 세멜레가 잉태하고 있던 디오니소스를 살려내 여자아

이로 꾸민 뒤 세멜레의 자매인 이노와 그녀의 남편 아타마스 왕에게 맡겨 기르게 했지만, 이 사실을 알아차린 헤라는 이노와 아타마스를 미치광이로 만들어 버렸다. 아타마스는 정신이 나간 상태에서 아들 레아르코스를 사슴으로 여겨 창을 던져 죽였고, 이노는 막내아들 멜리케르테스를 물이 펄펄 끓는 가마솥에 넣어 삶아 버렸다. 홀로 숲에서 제우스의 아들 아르카스를 낳아 기르던 칼리스토는 결국 헤라가 곰으로 변신시켜 버렸고, 강의 신 이나코스의 아름다운 딸 이오는 헤라의 질투를 두려워한 제우스의 방책으로 암소가 돼버렸다. 그러나 헤라에게 가장 많은 박해를 받은 인물은 역시 헤라클레스였다. 그의 삶은 태어날 때부터 죽을 때까지 시종일관 헤라에 의한 시련의 연속이었다. 헤라는 헤라클레스가 제우스의 자식임을 알아채고 독사 두 마리를 보내 어린 헤라클레스를 죽이려 했다. 청년으로 자라난 헤라클레스는 테바이를 괴롭히던 이웃나라 오르코메노스를 물리친 공로로 테바이 왕 크레온의 딸 메가라 공주와 결혼하여 자식들도 낳으며 한동안 행복하게 살았다. 하지만 헤라는 헤라클레스에게 광기를 불어넣었고, 헤라클레스는 갑자기 아내와 아이들을 짐승들로 여겨 모두 목 졸라 죽였다. 제정신이 든 헤라클레스는 가족을 살해한 죄를 씻기 위해 미케네 왕 에우리스테우스의 노예가 되어 열두 가지의 힘겨운 과업을 완수해야 했다. 헤라클레스는 질투에 불타는 헤라의 극심한 박해와 온갖 시련을 이겨내며 그리스 최고의 영웅으로 성장했고, 죽은 뒤에는 신의 반열에 올라 마침내 헤라와 화해하고 그의 딸인 청춘의 여신 헤베와 올림포스에서 천상의 결혼식을 올렸다. 남편의 거듭된 외도에 견디지 못한 헤라가 한 번은 완전히 토라져서 남편 곁을 떠나 멀리 에우보이아로 가버린 적이 있었다. 그러자 당황한 제우스는 현자로 유명한 플라타이아의 왕 키타이론을 찾아가 헤라를 다시 돌아오게 할 방법을 물었다. 키타이론은 제우스에게 나무로 여인의 형상을 만든 뒤 새색시의 옷을 입히고 베일을 씌운 뒤 수레에 태우고 가라고 했다. 그리고 사람들에게는 제우스가 아소포스의 딸 플라타이아를 신부로 맞는 행차라고 소문을 퍼뜨렸다. 이 소식을 들은 헤라는 질투심에 사로잡혀 당장 달려와 수레에 탄 신부의 베일을 잡아당겼다. 하지만 그것이 목각 인형에 불과한 것을 본 헤라는 웃으며 다시 제우스와 화해했다. 헤라는 로마 신화의 유노와 동일시되며, 공작새는 그녀를 상징하는 새로 유명하다. 공작새의 꼬리깃털에 난 둥근 무늬는 백 개의 눈을 지닌 괴물 아르고스의 눈알이라고 한다. 헤라는 아르고스가 자신의 명령으로 이오를 감시하다 제우스가 보낸 헤르메스의 손에 죽임을 당하자 그의 눈을 자신의 성스러운 동물인 공작의 꼬리에 붙여 아르고스를 기렸다.

헤라클레스   pp. 9, 22, 52, 61, 66, 68-69, 102-103, 107, 122, 138

제우스가 암피트리온의 아내 알크메네와 결합하여 낳은 아들이다. 헤라클레스
는 수많은 여인에게서 수없이 많은 자식을 얻었다. '헤라클레이다이'라고 불리
는 헤라클레스의 자식 중 우두머리는 헤라클레스와 데이아네이라 사이에서 태어
난 아들 힐로스다. 힐로스가 이끄는 헤라클레이다이는 몇 세대에 걸친 펠로폰네
소스 원정을 통해 결국 그곳에 정착했다. 미케네 왕족 암피트리온의 아내 알크메
네는 미모와 지혜 면에서 견줄 이가 없는 여인이었다. 알크메네에게 반한 제우스
는 암피트리온이 전쟁에 나간 사이에 그의 모습으로 변신하여 알크메네의 침실
에 들었다. 다음 날 전쟁터에서 돌아온 암피트리온은 아내와 잠자리를 가졌고, 얼
마 뒤 알크메네는 쌍둥이를 임신하게 되는데 이들이 헤라클레스와 이피클레스다.
알크메네가 헤라클레스를 임신하자 제우스는 크게 기뻐하며 얼마 뒤에 태어날 페
르세우스의 후손이 미케네의 통치자가 되리라고 말했다. 헤라클레스의 어머니 알
크메네가 페르세우스의 후손이었기 때문이다. 하지만 비슷한 시기에 페르세우스
의 아들인 미케네 왕 스테넬로스의 아내도 아들 에우리스테우스를 임신하고 있었
다. 알크메네를 질투한 헤라는 출산의 여신 에일레이티이아에게 지시하여 헤라클
레스의 탄생을 늦추고 에우리스테우스를 일곱 달 만에 세상에 나오게 했고, 그 덕
분에 제우스가 예언한 미케네의 통치권은 에우리스테우스에게로 돌아갔다. 알크
메네가 무사히 출산하자 헤라 여신은 어린 헤라클레스를 죽이려고 쌍둥이가 누워
있는 방으로 독사 두 마리를 보냈으나 열 달 나이 어린 헤라클레스는 양 손에 뱀
을 한 마리씩 쥐고 목을 졸라 죽였다. 헤라클레스의 교육에는 켄타우로스족의 현
자 케이론을 비롯하여 많은 이가 참여했다. 암피트리온은 말과 전차 타는 법을 가
르쳐줬고, 궁술의 명인인 오이칼리아 왕 에우리토스는 활 쏘는 법, 디오스쿠로이
의 한 명인 카스토르는 무기 다루는 법을 가르쳐줬다. 또 오르페우스의 형제로 알
려진 리노스는 헤라클레스에게 리라 연주를 가르쳐줬다. 건장한 청년으로 성장한
헤라클레스가 이룬 첫 번째 업적은 테스피오스 왕의 가축을 해치는 사자를 퇴치
한 일이다. 사자를 잡기 위해 헤라클레스는 테스피오스 왕의 궁에 50일간 머물며
날마다 사냥에 나섰다. 평소에 영웅 헤라클레스를 흠모하던 테스피오스 왕은 자
신의 딸 50명(테스피아데스)을 밤마다 헤라클레스의 침실에 들여보내 영웅의 혈
통을 이어받은 손자를 얻고자 했다. 딸들은 아버지의 바람대로 모두 영웅의 아들
을 임신하여 50명의 테스피아다이(테스피오스의 후손)를 낳았다. 키타이론산의
사자 사냥을 끝낸 헤라클레스는 돌아오는 길에 테바이를 괴롭히던 이웃나라 오
르코메노스를 물리치고, 그 공로로 테바이 왕 크레온의 딸 메가라 공주와 결혼해
서 세 아들을 낳았다. 헤라는 질투심에 사로잡혀 헤라클레스를 미치게 했고, 헤라

224

클레스는 메가라와 세 아들을 활로 쏘아 죽인 뒤, 이를 말리는 암피트리온마저 죽이려 했다. 델포이의 신탁은 헤라클레스에게 처자식을 죽인 죄를 씻으려면 미케네로 가서 에우리스테우스의 노예가 되어 그가 시키는 일들을 하라고 명했다. 에우리스테우스가 애당초 부과했던 열 가지 과업은 그가 두 가지 과업의 성과를 부정했기 때문에 두 가지가 추가되어 열두 가지 과업이 됐다. 헤라클레스가 모든 과업을 달성하자 에우리스테우스는 그를 노예 신분에서 풀어 주었고, 헤라클레스는 테바이로 돌아갔다. 라오메돈이 트로이를 다스리고 있을 때 아폴론과 포세이돈이 제우스에게 반항한 벌로 1년간 인간에게 봉사하러 찾아왔다. 라오메돈은 두 신에게 트로이 성벽 건설을 지시했고, 성이 완성되면 후하게 보상해주기로 약속했다. 그런데 성벽이 완공되자 라오메돈은 약속을 지키지 않았다. 화가 난 신들은 트로이에 재앙을 내렸다. 아폴론은 도시에 역병을 내렸고, 포세이돈은 거대한 바다 괴물을 보내 사람들을 괴롭혔다. 견디다 못한 라오메돈이 신탁에 문의하자 그의 딸 헤시오네를 제물로 바쳐야만 재앙을 끝낼 수 있다는 대답이 나왔다. 라오메돈은 하는 수 없이 딸 헤시오네를 바닷가 바위에 사슬로 묶어 제물로 바쳤다. 헤시오네가 바다 괴물에게 잡아먹히려는 순간, 때마침 트로이 해안에 도착한 헤라클레스가 이 광경을 보고는 괴물을 죽이고 헤시오네를 구했다. 라오메돈은 감사의 뜻으로 헤라클레스에게 자신의 신마를 주기로 약속했다. 하지만 라오메돈은 이번에도 약속을 지키지 않았다. 이에 분노한 헤라클레스는 군대를 몰고 트로이로 쳐들어가 라오메돈과 그의 자식들을 막내아들 포르다케스와 헤시오네만 남기고 모두 죽였다. 헤라클레스는 트로이로 쳐들어오기 전에 텔라몬과 이피클로스를 사절로 보내 약속의 이행을 요구했는데 라오메돈은 이들을 감옥에 가두고 죽이려 했다. 이때 텔라몬과 이피클로스를 탈출시켜 준 사람이 바로 라오메돈의 막내아들 포르다케스였다. 헤라클레스는 라오메돈과 그 자식들을 몰살한 뒤 포르다케스를 트로이의 새 왕으로 옹립하고, 헤시오네는 텔라몬에게 아내로 줬다. 그 뒤 포르다케스는 이름을 프리아모스로 바꿨다. 프리아모스는 '나는 산다'라는 뜻이다. 오이칼리아의 왕 에우리토스는 활쏘기 시합에서 그 자신과 자신의 아들들을 이기는 자에게 자신의 아름다운 딸 이올레를 신부로 주겠다고 선언했다. 마침 홀몸이었던 헤라클레스는 궁술 시합에 참가하여 에우리토스 부자를 꺾고 승리를 거뒀다. 하지만 에우리토스는 헤라클레스가 광기에 사로잡혀 아내와 자식들을 모두 죽인 사실을 들어 딸을 주려고 하지 않았다. 헤라클레스는 이 일로 에우리토스에게 원한을 품었다. 그런데 헤라클레스가 오이칼리아를 떠난 직후 에우리토스의 암말 몇 마리가 사라졌다. 에우리토스는 헤라클레스를 의심했지만, 그를 존경하던 왕의 아들 이피토스는 그렇게 생각하지 않았다. 이피토스는 영웅의 무죄를 직접 밝히기 위해 사라진 암말을 찾아 나섰다. 이 과정에서 이피토스는 티린스에 머물던 헤라클레스를 찾아가 도움을 청했다가 그만 그의 손에 목숨을 잃었다. 이 살인죄를 씻기 위해 헤라클레스는 리디아의 여왕 옴팔레에게 노예로 팔려가는 신세가 됐다. 헤라클레스는 그녀의 왕국에 들끓는 강도와 괴물을 물리치고 왕국을 적들의 침략에서 지켜냈다. 옴팔레는 새 노예가 헤라클레스라는 사실을 알고 나서는 그와 결혼했다. 옴팔레와 결혼한 헤라클레스는 그녀의 매력에 흠뻑 빠져 이제까지의 영웅의 면모와는 전혀 다른 모습을 보였다. 옴팔레의 궁에서 헤라클레스는 여인의 옷을 입고 물레질 같은 여자들의 일을 하며 지낸 반면에, 옴팔레는 헤라클레스의 사자가죽 옷을 입고 올리브나무 방망이를 들고 다녔다. 헤라클레스는 봉사 기간이 끝나자 옴팔레의 궁을 떠나 그리스로 돌아갔다. 헤라클레스는 12과업 중 하나로 저승 개 케르베로스를 지상으로 데려오려고 하데스의 나라로 갔을 때 멜레아그로스를 만났는데, 그는 자신이 죽고 나서 슬픔에 잠겨 지내는 누이동생 데이아네이라를 걱정하면서 그녀와 결혼하여 돌봐달라고 부탁했다. 지상으로 돌아온 헤라클레스는 멜레아그로스의 청을 들어주러 칼리돈으로 갔지만, 그곳에는 이미 경쟁자가 있었다. 강의 신 아켈로오스였다. 헤라클레스와 아켈로오스는 레슬링 경기에서 승리하는 자가 데이아네이라를 차지하기로 했다. 아켈로오스는 육중한 황소로 변신하며 거세게 달려들었지만, 헤라클레스는 그의 뿔을 부러뜨리며 승리를 거두고 데이아네이라의 남편이 됐다. 헤라클레스는 칼리돈에서 장인 오이네우스 왕을 돕기도 하고 아내에게서 아들 힐로스도 얻으며 한동안 잘 살았지만, 뜻하지 않게 왕의 측근을 죽이게 되면서 칼리돈을 떠나야 했다. 헤라클레스가 데이아네이라와 아들을 데리고 트라키스로 향하다가 에우에노스강에 이르렀을 때 켄타우로스 네소스가 나타나 물살이 거세니 자기가 데이아네이라를 등에 태워 건네주겠다고 했다. 하지만 강을 건넌 네소스는 데이아네이라를 겁탈하려고 했고, 이를 본 헤라클레스는 강 건너편에서 활을 쏘아 네소스를 맞혔다. 헤라클레스의 활에는 히드라의 독이 발라져 있었으므로 활에 맞은 네소스는 죽음을 피할 수 없었다. 네소스는 죄를 뉘우치는 척하면서 자기 피에는 식어버린 사랑을 되살리는 힘이 있으니 남편이 변심했을 때 자기 피를 남편의 옷에 발라서 입히라는 말을 남기고 죽었다. 데이아네이라는 네소스의 말을 그대로 믿고는 그의 피를 병에 담아 보관했다. 트라키스에 도착한 헤라클레스와 데이아네이라는 케익스 왕의 환대를 받으며 한동안 행복한 나날을 보냈다. 하지만 헤라클레스가 오이칼리아로 쳐들어가서 아름다운 공주 이올레를 데려오자 데이아네이라는 남편이 다른 여자에게 마음을 빼앗겼다고 생각했다. 데이아네이라는 보관해뒀던 네소스의 피를 남편의 옷에 발랐다. 네소스의 피에는 히드라의 맹독이 스며들어 있었고, 옷이 살에 닿자 히드라의 독은

삽시간에 헤라클레스의 온몸에 퍼졌다. 헤라클레스가 옷을 벗으려 하자 살이 뜯겨져 나갔다. 데이아네이라는 자신이 무슨 짓을 저질렀는지 깨닫고는 스스로 목숨을 끊었다. 헤라클레스는 극심한 고통을 견딜 수가 없었다. 그는 오이타산 위에 장작더미를 쌓고 그 위에 누운 뒤 부하들에게 불을 붙이라고 했다. 하지만 아무도 감히 헤라클레스가 누운 장작더미에 불을 붙이려 하지 않았다. 오직 필록테테스만이 나서서 헤라클레스의 지시를 따랐다. 헤라클레스는 감사의 표시로 그에게 자신의 활과 화살을 주고 나서 산 채로 불길에 휩싸였다. 이로써 헤라클레스는 이미 죽은 자에 의해 목숨을 잃게 되리라는 신탁의 예언대로 죽음을 맞았다. 헤라클레스는 불길 속에서 올림포스로 승천하여 신의 반열에 들었다. 헤라클레스의 극심한 고통은 헤라 여신의 마음을 누그러뜨렸고, 신이 된 헤라클레스는 헤라의 딸인 청춘의 여신 헤베와 결혼했다.

헤르메스 pp. 6, 56, 75, 149

제우스와 아틀라스의 딸 마이아 사이에서 태어났다. 태어나자마자 요람에서 빠져나와 아폴론의 소를 훔쳤는데, 이때 뒤를 밟히지 않도록 소의 꼬리를 끌고 뒷걸음질 치게 할 정도로 기지가 뛰어났다. 또한 갓난아기이면서 거북을 잡아 그 귀갑에 양의 창자로 현을 매어 리라를 발명했다. 그 음색의 아름다움에 감동한 아폴론은 리라를 얻는 대신 자기 소를 훔친 죄를 용서해주기로 했다. 그 밖에 피리를 만들어 아폴론에게 주고 조약돌로 점치는 법을 익혔는데, 음악·문자·숫자·천문·체육, 올리브 재배법, 도량형을 만든 것도 헤르메스였다. 성인이 되면서 제우스를 비롯한 신들의 의사를 전달하는 전령으로 활약했으며, 특히 사자(死者)를 저승으로 안내하는 역할을 맡아 '영혼의 인도자'라는 의미에서 '사이코포모스'라는 별명을 얻었다. 그의 모습은 젊은 청년으로 묘사돼 '페타소스'라는 날개 달린 넓은 차양의 모자를 쓰고, 발에도 날개 달린 샌들을 신었으며, 손에는 '케리케이온'이라는 전령의 지팡이를 들고 있는 것이 특색이다. 원래는 아르카디아를 중심으로 그 지역 신앙에서 길을 지키는 마술적인 신이었던 듯하나, 그 힘의 범위는 확대돼 나그네의 수호신이면서, 변론·행운·상업·도둑·운동경기의 신으로 여겨졌다. 또한 그는 다산과 풍요의 신이기도 하고, 여신 아프로디테와의 사이에 헤르마프로디토스를 낳았다는 설도 있다. 고대에 가장 친근한 신으로 여겨졌으며 지금도 깃발 등에 상징적으로 날개와 뱀이 달린 지팡이가 그려져 있는 것은 상업 신으로서의 헤르메스에서 연유한다.

헤스티아 p. 45

불과 화로의 신인 헤스티아는 티탄 12신 중 막내인 크로노스가 자신의 누이인 레아를 아내로 삼아 낳은 딸이다. 크로노스와 레아는 3남 3녀, 즉 헤스티아, 데메테르, 헤라, 하데스, 포세이돈, 제우스를 낳는데, 그들 중 맏이가 헤스티아이다. 헤스티아는 제우스와 레토 사이에서 태어난 아폴론과 자신의 남동생인 포세이돈이 구혼하면서 다투자 영원히 순결을 지킬 것을 맹세한다. 그러자 제우스는 그녀에게 순결을 지킬 권리를 부여하고, 인간이 신에게 바치는 제물을 가장 먼저 받을 수 있는 권한을 허락한다. 또한 그녀는 인간의 가정과 신의 신전에서 숭배받을 영예를 부여받는다.

헤스페리데스 pp. 121-122

헤스페리테스는 일반적으로 밤의 여신 닉스와 어둠의 신 에레보스 사이에서, 혹은 닉스가 혼자서 낳은 딸들로 알려져 있다. 하지만 전승에 따라 제우스와 테미스, 포르키스와 케토 등도 이들의 부모로 거론되며, 아틀라스의 딸이라는 설도 있다. 헤스페리데스 자매들의 숫자에 대해서도 3명 혹은 4명이라고 하거나 7명으로 언급되기도 한다. 이들 자매의 이름은 각각 '일몰', '진홍빛', '광채' 등 석양의 이미지를 뜻하는 단어들에서 유래했다. 헤스페리데스는 대지를 감싸고 흐르는 오케아노스의 서쪽 끝에 있는 '행복의 땅' 엘리시온에서 멀지 않은 아틀라스 산자락에서 살고 있다. 그곳에는 제우스와 헤라가 결혼할 때 대지의 여신 가이아가 헤라에게 선물로 준 황금 사과가 자라는 정원이 있는데, 헤스페리데스 자매는 이곳을 돌보는 임무를 맡고 있다. '헤스페리데스의 정원'이라 불리는 이 과수원에서 자라는 황금 사과와 사과나무는 용 라돈이 헤스페리데스 자매와 함께 지키고 있다. 12가지 과제 중에서 황금 사과를 따 와야 하는 과제를 수행 중이던 헤라클레스는 하늘을 떠받치고 있는 아틀라스를 찾아내어 헤스페리데스의 정원에 가서 황금사과를 몇 개 따다 주면 그동안 자신이 대신 하늘을 떠받치겠다고 했다. 아틀라스는 오랜만에 무거운 짐을 내려놓고 헤스페리데스의 정원에 가서 황금 사과를 따 왔지만, 헤라클레스가 힘들게 하늘을 떠받치고 있는 것을 보자 생각이 바뀌었다. 그는 헤라클레스에게 자신이 직접 에우리스테우스 왕에게 가서 황금 사과를 주고 올 테니 그때까지 계속 하늘을 떠받치고 있으라고 했다. 아틀라스의 속셈을 알아차린 헤라클레스는 아무렇지 않은 듯 그렇게 하라고 대답하고는 하늘을 떠받친 어깨가 너무 아파서 받침을 대야겠으니 잠시 하늘을 떠받쳐달라고 했다. 아틀라스는 아무 의심 없이 그의 말대로 했지만 하늘에서 벗어난 헤라클레스는 황금 사과를 집어 들고 곧바로 그곳을 떠났다. 황금 사과를 손에 넣은 헤라클레스는 미케네의 에우리스테우스 왕에게 가져다줬다. 하지만 왕은 이 신성한 과일을 어찌 하면 좋을지 몰라 다시 헤라클레스에게 줬고, 헤라클레스는 이것을 아테나 여신에게 바쳤다. 아테나 여신은 그것을 원래 자리인 헤스페리데스의 정원에 도로 갖다놓았다.

헤파이스토스 pp. 6, 9, 133-134, 137-140

헤라는 아들 헤파이스토스를 낳았을 때 너무 작고 못생겨 올림포스 꼭대기에서 아래로 던져버렸다. 헤파이스토스는 렘노스섬에 떨어졌고, 거기 살고 있던 주민에게 구조돼 목숨은 건졌지만 다리를 절룩거리게 됐다. 헤파이스토스는 나중에 보답으로 섬사람들에게 금속 세공술을 가르쳐주고 그 섬의 수호신이 됐다. 헤파이스토스는 금속 세공 능력을 발휘해서 신들의 궁전, 장신구, 무기, 갑옷을 만들었다. 제우스의 번개, 포세이돈의 삼지창, 아테나의 방패, 아폴론과 아르테미스의 활과 화살 등 모두 그의 작품이었고, 어릴 적 자신을 구해준 테티스의 부탁으로 그녀의 아들 아킬레우스의 갑옷도 만들었다. 심지어 제우스의 명령으로 최초의 여성 판도라를 만들기도 했다. 헤파이스토스는 자신을 버린 비정한 어머니 헤라에게 복수하고자 보이지 않는 사슬로 묶어버리는 은밀한 장치가 달린 의자를 만들어 보내 헤라는 화려한 의자가 마음에 들어 덥석 앉았다가 꼼짝도 하지 못하는 신세가 돼버렸다. 헤라를 묶고 있는 사슬은 헤파이스토스 말고는 다른 어떤 신도 풀 수가 없었다. 결국 디오니소스가 나서서 헤파이스토스에게 술을 먹여 취하게 한 다음 헤라를 풀어주었다. 제우스는 절름발이가 된 아들 헤파이스토스에게 미안하여 미의 여신 아프로디테를 아내로 맞이하게 해줬다. 그러나 아프로디테는 곧 전쟁의 신 아레스와 바람을 피웠고, 둘 사이에서 자식도 여러 명 태어났다. 헤파이스토스는 눈에 보이지 않는 그물을 만들어 아내의 침대에 설치해서 두 사람은 꼼짝없이 붙잡히는 신세가 됐다. 헤파이스토스는 모든 신들을 불러 이 광경을 구경시키면서 아프로디테와 아레스에게 모욕을 줬다. 아테나는 처녀성을 끝까지 지킨 여신으로 알려졌지만 처녀신 아테나에게도 아들이 있었다. 아들의 아버지는 다름 아닌 헤파이스토스였다. 아테나는 전쟁에 쓸 무기를 얻기 위해 헤파이스토스의 대장간을 찾아갔는데, 헤파이스토스가 아테나에게 반해서 그녀를 끌어안고 사랑을 나누려 했다. 하지만 아테나는 끝내 거절했고, 욕정을 주체하지 못한 헤파이스토스는 아테나의 다리에 사정하고 말았다. 불쾌해진 아테나는 양털로 헤파이스토스의 정액을 닦아서 땅에 던졌는데, 이로 인해 대지가 임신하여 에리크토니오스가 태어났다. 에리크토니오스는 '대지에서 태어난 자'라는 뜻이다. 아테나는 이 아이를 거두어 아들로 삼았다. 파르테논 신전에서 자란 아이는 나중에 자라서 아테네의 왕이 됐다.

헥토르 pp. 144, 152

트로이 왕 프리아모스와 헤카베의 장남으로 안드로마케의 남편, 아스티아낙스의 아버지다. 트로이전쟁에서는 트로이군의 총대장이며, 그리스군의 용장 아킬레우스와 더불어 중심인물이다. 트로이군 가운데 가장 용감하여 많은 적장을 쓰러뜨렸다. 트로이성 안으로 잠시 돌아왔을 때, 그의 아내 안드로마케는 자기와 자식들을 위해서라도 성 안에 남아 있기를 바랐으나, 그는 장래의 운명을 예감하면서도 아내를 설득하고 성을 나왔다. 그리스군 중에서도 아킬레우스 다음가는 용장인 아이아스와 1 대 1로 싸웠으나 결판이 나지 않자 두 사람은 선물을 교환하고 헤어졌다. 그 후 아킬레우스를 대신하여 출진한 파트로클로스를 죽였는데, 전열에서 잠시 물러나 있던 아킬레우스는 이 소식을 듣고 친구인 파트로클로스의 복수를 위해 출진했다. 트로이군은 패하여 성 안으로 도망쳤으나 헥토르는 혼자 성 밖에 남아 싸우다가 마침내 아킬레우스에게 죽고 말았다. 그의 시체는 아킬레우스에 의해 트로이의 성 주위를 세 바퀴나 끌려다니다가 들녘에 버려졌는데, 신들이 불쌍히 여겨 헥토르의 아버지 프리아모스에게 이리스를 사자(使者)로 보내 몸값을 치르게 하고 시체를 찾아가도록 명령했다. 프리아모스는 거금을 내고 시체를 인수하여 아들의 장례를 치러줬다.

호메로스 pp. 19, 65, 72, 106-107, 132, 139

고대 그리스 최대의 서사시인. 그의 작품으로 알려진 『일리아스』와 『오디세이아』는 그리스 문학의 최고 걸작이다. 기원전 8세기경에 구전으로 성립되고, 기원전 6세기경에 문자로 기록됐다고 추정된다. 그는 시각장애인으로 알려졌는데, 이는 『오디세이아』에 등장하는 눈먼 음유시인 데모도코스를 저자 호메로스의 화신으로 여긴 사람이 많았기 때문이다. 호메로스의 정체를 두고 많은 추측이 있어왔고, 호메로스를 여러 사람을 대표하는 이름으로 간주한 연구자들도 있었다. 특히 두 서사시가 문자화되기 전 구전됐을 가능성을 타진하면서 여러 서사시인들의 단편들을 하나의 작품으로 완성했다는 주장도 제기됐다. 『일리아스』는 트로이와 그리스 간 전쟁을 다룬 서사시로 10여 년에 걸친 트로이전쟁 가운데 며칠 동안의 이야기를 들려준다. 이 서사시의 주인공은 아킬레우스로 그가 그리스군 총사령관 아가멤논과 다투고 전투에서 물러났다가 친구의 파트로클로스의 죽음으로 복귀해 헥토르를 죽여 원수를 갚는 과정에서 관련 인물들과 신들의 이야기가 펼쳐진다. 『오디세이아』는 『일리아스』의 마지막 장면 이후, 아킬레우스가 죽고, 트로이가 패배한 뒤 승자들은 전리품을 챙겨 고향으로 향하는데, 오디세우스는 고향 이타카로 돌아가지 못하고 10년간이나 바다를 떠도는 고행을 겪게 된 과정을 이야기한다. 오디세우스는 바다의 마녀 칼립소의 섬을 떠나 알키노스 왕의 궁전에 도착해 그간의 모험을 회고하고, 이타카로 돌아가 그동안 자기 자리를 넘보며 아내 페넬로페에게 청혼한 자들을 응징하고 가족과 재회하는 장면에서 이 장편 서사시는 끝난다.

히폴리테 pp. 61

여전사 부족들인 아마조네스의 여왕이다. 아마조네스는 전쟁의 신 아레스와 님페인 하르모니아 사이에서 태어난 자손들로, 아기가 태어나면 남자아이는 버리고 여자아이만 전사로 키웠다. 아마조네스의 단수형인 '아마존'은 '가슴이 없는'이라는 말에서 유래하는데, 아마존 여인들은 딸이 어렸을 때 활쏘기에 거추장스러울 한쪽 가슴을 불로 지져 없앴다고 한다. 아마조네스 여인들은 전쟁의 신 아레스의 자손답게 주변의 부족들이 두려워할 정도로 용맹한 전사들이었다. 아마조네스의 여왕 히폴리테는 아버지인 전쟁의 신 아레스로부터 받은 마법의 허리띠를 매고 있었는데, 이 허리띠는 아마조네스를 다스리는 권력의 상징으로, 다른 아마조네스 부족들에 대해 우월성을 보여주는 것이라 한다. 사는 동안 내내 헤라에게 증오의 대상이었던 헤라클레스는 헤라의 술수로 광기에 빠져 자식들을 죽이게 되고, 그 죄에 대한 벌로 나약한 에우리스테우스에 복종하면서 그가 시키는 12개 과업을 수행해야 하는데, 그 과업 중 하나가 바로 히폴리테 여왕이 차고 있는 황금 허리띠를 가져오는 일이었다. 에우리스테우스 왕은 딸 아드메테가 아마존 여왕의 허리띠를 갖고 싶어 하자 헤라클레스에게 이 명령을 내린 것이다. 헤라클레스는 배 한 척을 타고 자진해서 나선 일행들과 함께 황금 허리띠를 가져오기 위해 원정을 떠난다. 갖가지 어려움을 겪은 후 헤라클레스와 그 일행은 아마조네스의 항구에 도착한다. 헤라클레스와의 첫 만남에서 그에게 깊은 인상을 받은 히폴리테 여왕은 선뜻 허리띠를 내어주겠다고 약속한다. 일이 예상과는 달리 순조롭게 진행되자 헤라클레스를 미워하는 헤라는 이번에도 방해를 한다. 헤라는 헤라클레스와 아마조네스 사이에 불화를 조장하기 위해 아마존 여인으로 변장하여 "방금 도착한 이방인이 여왕을 납치하려 한다"고 헛소문을 퍼트린다. 그러자 아마조네스 여인들은 무장을 하고 헤라클레스가 타고 있는 배 쪽을 향해 달려가고, 무장한 여인들을 본 헤라클레스는 여왕이 약속을 어겼다고 생각한다. 이에 히폴리테 여왕은 분노한 헤라클레스에 의해 죽임을 당한다.

그리스 신화 백과사전
그리스 신화의 50가지 그림자

1판 1쇄 발행일 2019년 2월 15일

그린이 | 쥘
글쓴이 | 샤를 페팽
옮긴이 | 조재룡
편집주간 | 이나무
펴낸이 | 김문영
펴낸곳 | 이숲
등록 | 2008년 3월 28일 제301-2008-086호
주소 | 서울시 중구 장충단로8가길 2-1
전화 | 2235-5580
팩스 | 6442-5581
홈페이지 | http://www.esoope.com
페이스북 | http://www.facebook.com/EsoopPublishing
Email | esoope@naver.com
ISBN | 979-11-86921-66-1 03920
ⓒ 이숲, 2019, printed in Korea.

▶ 이 도서의 국립중앙도서관 출판예정도서목록(CIP)은 서지정보유통지원시스템 홈페이지
(http://seoji.nl.go.kr)와 국가자료공동목록시스템 (http://www.nl.go.kr/kolisnet)에서
이용하실 수 있습니다.(CIP제어번호 : CIP2019001269)

아킬레우스

제우스

헤파이스토스

포세이돈

데메테르

판

디오니소스

테세우스

시시포스

호메로스

세이레네스

케이론

페가수스

헤라

미노타우로스

카론

이아손

오디세우스

에로스

아테나

페넬로페

크로노스

메티스

아틀라스

오르페우스

레아

헤라클레스

프로메테우스

아마조네스

이카로스

나르키소스

다이달로스

오이디푸스

스핑크스